I0466938

Flux de revenus passifs : création de sources de revenus multiples pour la liberté financière

Copyright © 2024 par Grégoire Lang

Grégoire Lang

Informations de commande:

Imprimé aux États-Unis d'Amérique
Première impression, 2024

TABLE DES MATIÈRES

**Flux de revenus passifs : création
de sources de revenus multiples pour
la liberté financière**

Auteur
Grégoire Lang

Préface

Dans un monde où la stabilité financière semble souvent insaisissable, le concept de revenu passif a gagné en popularité. Beaucoup d'entre nous rêvent de s'affranchir des contraintes d'un travail traditionnel de 9h à 17h et d'atteindre la liberté financière. « Flux de revenus passifs : Créer de multiples sources de revenus pour la liberté financière » est un guide complet conçu pour vous aider à transformer ce rêve en réalité.

Le chemin vers l'indépendance financière n'est pas facile, mais il est réalisable. Ce livre vise à vous fournir les connaissances, les outils et les stratégies nécessaires pour créer plusieurs flux de revenus passifs. Que vous débutiez ou que vous cherchiez à élargir vos sources de revenus existantes, ce livre offre des informations précieuses et des conseils pratiques.

L'inspiration pour ce livre est venue de mes propres expériences. Moi aussi, j'ai été pris dans le cycle de l'échange de temps contre de l'argent, espérant toujours une issue. Grâce à des années de recherche, d'essais et d'erreurs et d'apprentissage des autres, j'ai découvert diverses méthodes pour générer des revenus passifs. Ce voyage a non seulement transformé ma situation financière, mais m'a également donné la liberté de vivre ma vie selon mes conditions.

« Passive Income Streams » couvre un large éventail de sujets, depuis les investissements immobiliers et les actions à dividendes jusqu'à la création de cours en ligne et le marketing d'affiliation. Chaque chapitre explore différentes opportunités de revenus passifs, en vous fournissant des conseils étape par étape pour vous aider à démarrer. Vous apprendrez à évaluer vos objectifs financiers, à identifier les opportunités qui vous conviennent et à mettre en œuvre des stratégies pour créer et gérer efficacement vos flux de revenus.

L'un des principes clés soulignés tout au long de ce livre est l'importance de la diversification. S'appuyer sur une seule source de revenus peut être risqué. En diversifiant vos sources de revenus, vous pouvez créer un avenir financier plus stable et plus sûr. Ce livre explique non seulement la théorie derrière le revenu passif, mais propose également des étapes concrètes pour diversifier votre portefeuille.

En parcourant les chapitres, vous trouverez des exemples concrets, des conseils pratiques et des conseils d'experts pour vous guider dans votre voyage. L'objectif est de vous doter des connaissances et de la confiance nécessaires pour prendre le contrôle de votre destinée financière.

Ce livre n'a pas seulement pour but de gagner de l'argent ; il s'agit d'acquérir la liberté : la liberté de passer du temps avec ses proches, de poursuivre ses passions et de vivre une vie de choix et d'abondance. La liberté financière est un voyage, et avec les bons outils et le bon état d'esprit, elle est à votre portée.

J'espère que ce livre constituera une ressource précieuse sur votre chemin vers l'indépendance financière. Puisse-t-il vous inciter à agir, à explorer de nouvelles opportunités et à construire un avenir où la liberté financière n'est pas seulement un rêve mais une réalité.

Merci d'avoir entrepris ce voyage avec moi. À votre réussite et à votre liberté financière !

Sincèrement,

Grégoire Lang

Introduction

Dans le monde en évolution rapide d'aujourd'hui, la stabilité financière ressemble souvent plus à un rêve lointain qu'à une réalité tangible. La voie traditionnelle consistant à obtenir un emploi, à travailler sans relâche pendant des décennies et à prendre sa retraite avec un revenu fixe ne suffit plus pour beaucoup. Cette prise de conscience a conduit à un intérêt croissant pour les moyens alternatifs d'atteindre la liberté financière. Entrez dans le revenu passif, la clé pour débloquer une vie où l'argent travaille pour vous, plutôt que l'inverse.

Le revenu passif, par définition, est un revenu gagné avec un minimum d'effort ou de participation active. Contrairement aux revenus actifs, qui nécessitent des efforts continus, les flux de revenus passifs vous permettent de gagner de l'argent pendant que vous dormez, voyagez ou pratiquez des activités que vous aimez vraiment. L'attrait du revenu passif réside dans son potentiel à offrir sécurité financière et indépendance, vous libérant des contraintes d'un travail traditionnel et vous permettant de vivre votre vie selon vos propres conditions.

Ce livre, « Flux de revenus passifs : Créer de multiples sources de revenus pour la liberté financière », est conçu pour être votre guide complet sur le chemin vers l'indépendance financière. Que vous débutiez ou que vous cherchiez à élargir vos sources de revenus existantes, ce livre vous fournira les connaissances, les stratégies et les outils nécessaires pour créer et gérer plusieurs sources de revenus passifs.

Comprendre le revenu passif

Avant d'entrer dans les détails, il est essentiel de bien saisir le concept de revenu passif. Le revenu passif n'est pas un moyen de devenir riche rapidement ; cela nécessite un effort initial, une planification et parfois un investissement. Cependant, une fois établis, les flux de revenus passifs peuvent générer des revenus avec un minimum d'effort continu.

Il existe différentes formes de revenus passifs, notamment :

- **Investissements immobiliers :** Revenus générés par les propriétés locatives, le financement participatif immobilier et les fiducies de placement immobilier (REIT).
- **Actions à dividendes :** Bénéfices provenant d'investissements dans des actions versant des dividendes.
- **Prêts peer-to-peer :** Rendement provenant du prêt d'argent à des particuliers ou à des petites entreprises via des plateformes en ligne.
- **Cours en ligne et livres électroniques :** Revenus provenant de la création et de la vente de produits numériques.
- **Marketing d'affiliation :** Commissions gagnées en faisant la promotion de produits ou de services d'autres sociétés.

- **Blogging et chaînes YouTube :** Revenus de publicité et de parrainage provenant de la création de contenu.
- **Licences de photographie :** Redevances provenant des licences de photos sur diverses plateformes.
- **Obligations et crypto-monnaies :** Intérêts et plus-values sur instruments financiers.
- **Applications et logiciels :** Revenus provenant de la vente ou de l'octroi de licences de produits numériques.
- **E-commerce et Dropshipping :** Bénéfices provenant de la vente de produits en ligne.

Chacune de ces sources de revenus présente son propre ensemble d'avantages, de risques et d'exigences. La clé d'une génération de revenus passifs réussie est la diversification : répartir vos investissements et vos efforts sur plusieurs flux afin de minimiser les risques et de maximiser les rendements.

L'importance de la diversification

La diversification est un principe fondamental dans la génération passive de revenus. S'appuyer sur une seule source de revenus est risqué ; les ralentissements économiques, les fluctuations du marché ou les changements dans la réglementation du secteur peuvent avoir un impact significatif sur vos revenus. En vous diversifiant, vous pouvez créer une base financière plus résiliente et plus stable.

Par exemple, si vous investissez uniquement dans l'immobilier, un ralentissement du marché immobilier pourrait affecter considérablement vos revenus. Cependant, si vous investissez également dans des actions à dividendes, un cours en ligne et un blog, l'impact de la baisse d'une seule source de revenus sera atténué par les autres. La diversification vous permet de répartir les risques et de tirer parti de différentes opportunités de marché.

Fixer des objectifs financiers

Avant de vous lancer dans l'aventure du revenu passif, il est essentiel de fixer des objectifs financiers clairs. Qu'espérez-vous réaliser ? De quel revenu passif avez-vous besoin pour couvrir vos dépenses ou atteindre l'indépendance financière ? Fixer des objectifs spécifiques, mesurables, réalisables, pertinents et limités dans le temps (SMART) fournira une feuille de route pour votre parcours.

Tenez compte de votre situation financière actuelle et de vos besoins futurs. Souhaitez-vous compléter vos revenus existants, épargner pour votre retraite ou atteindre une totale indépendance financière ? Comprendre vos objectifs vous aidera à choisir les bonnes sources de revenus passifs et à allouer efficacement les ressources.

Créer et gérer des flux de revenus passifs

La création de plusieurs flux de revenus passifs nécessite une planification, une recherche et une exécution minutieuses. Voici quelques étapes pour vous guider tout au long du processus :

1. **Recherche et éducation :** Obtenez une compréhension approfondie des différents types de flux de revenus passifs. Lisez des livres, suivez des cours en ligne, assistez à des séminaires et demandez conseil à des experts. Plus vous serez informé, mieux vous serez préparé à prendre des décisions éclairées.

2. **Commencez petit :** Commencez avec une ou deux sources de revenus passives qui correspondent à vos intérêts, vos compétences et votre capacité financière. Commencer petit vous permet d'apprendre et de vous adapter sans vous surcharger.

3. **Investissez judicieusement :** Si les flux de revenus passifs que vous avez choisis nécessitent un investissement initial, assurez-vous d'effectuer des recherches approfondies et une diligence raisonnable. Évaluez les risques et

les rendements potentiels avant d'engager votre argent.

4. **Tirez parti de la technologie :** Utilisez des plateformes, des outils et des logiciels en ligne pour rationaliser vos efforts. La technologie peut aider à automatiser les processus, à gérer les investissements et à suivre vos progrès.

5. **Surveiller et ajuster :** Examinez régulièrement les performances de vos flux de revenus et effectuez les ajustements nécessaires. Les marchés et les secteurs évoluent, et rester informé vous aidera à vous adapter aux changements et à optimiser vos revenus.

6. **Réinvestissez et faites évoluer :** À mesure que vos revenus passifs augmentent, envisagez de réinvestir vos revenus pour faire évoluer vos flux existants ou explorer de nouvelles opportunités. Le réinvestissement peut accélérer votre chemin vers la liberté financière.

Flux de revenus passifs courants explorés

Examinons plus en détail certaines des sources de revenus passifs les plus populaires et les plus efficaces. Chaque chapitre de ce livre fournira des informations détaillées, des étapes pratiques et des exemples concrets pour vous aider à démarrer.

Investissements immobiliers : L'immobilier est l'une des formes de revenus passifs les plus anciennes et les plus fiables. Les propriétés locatives peuvent fournir un flux de trésorerie stable, tandis que le financement participatif immobilier et les REIT offrent des opportunités à ceux qui disposent d'un capital limité. Comprendre les tendances du marché, la gestion immobilière et les options de financement est crucial pour réussir dans l'immobilier.

Actions à dividendes : Investir dans des actions versant des dividendes vous permet de tirer un revenu régulier de vos investissements. Ce chapitre expliquera comment sélectionner les actions à dividendes, les avantages des plans de réinvestissement des dividendes (DRIP) et les stratégies pour constituer un portefeuille diversifié.

Prêts peer-to-peer : Les plateformes de prêt P2P connectent les investisseurs aux emprunteurs, offrant un potentiel de rendements plus élevés que les comptes d'épargne traditionnels. Nous explorerons les risques et les avantages des prêts P2P, ainsi que des conseils pour sélectionner des plateformes fiables et gérer vos investissements.

Cours en ligne et livres électroniques : L'ère numérique a ouvert de nombreuses opportunités aux créateurs de contenu. Que vous soyez un expert dans un domaine particulier ou que vous soyez passionné par l'enseignement, la création de cours en ligne et de livres électroniques peut constituer une source de revenus passifs lucrative. Ce chapitre vous guidera tout au long du processus d'identification d'une niche, de création de contenu et de commercialisation de vos produits.

Marketing d'affiliation : En faisant la promotion de produits ou de services via des liens d'affiliation, vous pouvez gagner des commissions sur les ventes générées par vos références. Ce chapitre expliquera comment trouver des programmes d'affiliation, intégrer des liens dans votre contenu et optimiser vos efforts marketing pour maximiser les revenus.

Blogging et chaînes YouTube : La création de contenu via des blogs et des chaînes YouTube peut générer des revenus grâce à la publicité, aux parrainages et au marketing d'affiliation. Nous verrons comment choisir une niche, créer une audience et monétiser efficacement votre contenu.

Licence de photographie : Si vous avez un talent pour la photographie, l'octroi d'une licence pour vos photos peut être une source de revenus passive. Ce chapitre couvrira les types de photos demandées, les plateformes de vente de votre travail et des conseils pour maximiser vos revenus.

Obligations et crypto-monnaies : Investir dans des obligations offre une option relativement peu risquée pour gagner un revenu passif, tandis que les crypto-monnaies présentent un risque plus élevé mais des récompenses potentiellement plus élevées. Nous explorerons les deux options, y compris les stratégies de gestion des risques et de maximisation des rendements.

Applications et logiciels : Le développement et la vente d'applications ou de logiciels peuvent constituer une source de revenus passifs très rentable. Ce chapitre vous guidera à travers les processus d'idéation, de développement et de monétisation.

E-commerce et Dropshipping : Gérer une boutique en ligne ou vous lancer dans le dropshipping vous permet de vendre des produits sans avoir besoin de gestion des stocks. Nous discuterons de la manière de créer votre magasin, de trouver des fournisseurs et de commercialiser efficacement vos produits.

Le rôle de l'automatisation

L'automatisation joue un rôle important dans la gestion des flux de revenus passifs. En tirant parti de la technologie, vous pouvez automatiser les tâches répétitives, suivre les performances et optimiser vos efforts. Les outils d'automatisation peuvent vous aider dans le marketing par e-mail, la gestion des réseaux sociaux, le suivi financier, etc., vous permettant de vous concentrer sur la prise de décision stratégique et la croissance.

Surmonter les défis

Créer plusieurs flux de revenus passifs n'est pas sans défis. Vous devrez gérer les fluctuations du marché, gérer les risques et rester informé des tendances du secteur. La persévérance, l'adaptabilité et la volonté d'apprendre sont des qualités essentielles pour réussir. Ce livre fournira des stratégies pour surmonter les obstacles courants et rester motivé tout au long de votre voyage.

Planification à long terme et sécurité financière

Atteindre la liberté financière n'est pas l'objectif final ; son entretien nécessite des efforts et une planification continus. La sécurité financière à long terme implique de fixer des objectifs réalistes, d'évaluer régulièrement vos progrès et de procéder aux ajustements nécessaires. Ce livre vous offrira des conseils sur la création d'une feuille de route pour les revenus passifs, la définition d'étapes et la garantie de votre stabilité financière pour les années à venir.
La recherche d'un revenu passif est un voyage vers la liberté financière et une vie d'abondance. En comprenant les différentes sources de revenus, en diversifiant vos efforts et en tirant parti de la technologie, vous pouvez créer un avenir financier stable et résilient. Ce livre est

conçu pour être votre feuille de route, fournissant les connaissances, les outils et l'inspiration nécessaires pour atteindre vos objectifs financiers.

Merci d'avoir entrepris ce voyage avec moi. J'espère que ce livre constituera une ressource précieuse, vous guidant vers la liberté financière que vous méritez. N'oubliez pas que la clé du succès réside dans l'action, la persévérance et la recherche continue de nouvelles opportunités.

Chapitre 1 : Investissements immobiliers

L'immobilier a longtemps été considéré comme l'un des moyens les plus fiables et les plus rentables pour créer de la richesse et générer des revenus passifs. Contrairement à de nombreuses autres formes d'investissement, l'immobilier offre des actifs corporels qui s'apprécient au fil du temps, peuvent générer des flux de trésorerie constants et offrent divers avantages fiscaux. Dans ce chapitre, nous explorerons les différentes façons d'investir dans l'immobilier, les avantages et les risques associés à chaque méthode, ainsi que les étapes pratiques pour vous aider à démarrer votre parcours d'investissement immobilier.

Comprendre les investissements immobiliers

L'investissement immobilier implique l'achat, la propriété, la gestion, la location ou la vente de biens immobiliers à des fins lucratives. Il englobe un large éventail de types de propriétés, notamment des propriétés résidentielles, commerciales et industrielles. L'objectif principal de l'investissement immobilier est de générer des revenus passifs via des revenus locatifs, l'appréciation de la propriété ou les deux.

Il existe plusieurs grands types d'investissements immobiliers :

1. **Propriétés locatives**
2. **Financement participatif immobilier**
3. **Fiducies de placement immobilier (REIT)**

Chaque type d'investissement présente ses avantages, ses défis et son potentiel de rendement uniques. Examinons chacun d'entre eux pour comprendre comment ils peuvent servir de sources de revenus passives efficaces.

Propriétés locatives

Les propriétés locatives sont l'une des formes d'investissement immobilier les plus populaires. Ils offrent le potentiel d'un revenu mensuel constant et d'une appréciation à long terme. Les propriétés locatives peuvent être résidentielles, comme des maisons unifamiliales, des appartements ou des unités multifamiliales, ou commerciales, comme des immeubles de bureaux, des espaces commerciaux ou des propriétés industrielles.

Avantages des propriétés locatives

1. **Flux de trésorerie stable** : Les immeubles locatifs fournissent un flux de revenus régulier grâce au paiement mensuel du loyer des locataires.
2. **Appréciation de la propriété** : Au fil du temps, la valeur des propriétés augmente généralement, offrant un potentiel de gains en capital importants.
3. **Levier** : L'immobilier vous permet d'utiliser l'argent emprunté pour financer une

partie importante de l'investissement, amplifiant ainsi les rendements potentiels.

4. **Avantages fiscaux** : Les propriétaires d'immeubles locatifs peuvent bénéficier de diverses déductions fiscales, notamment les intérêts hypothécaires, les taxes foncières, les frais d'entretien et l'amortissement.

Étapes pour investir dans des propriétés locatives

1. **Recherche et éducation** : Avant de vous lancer dans l'investissement immobilier locatif, renseignez-vous sur le marché, les stratégies d'investissement et la gestion immobilière. Les livres, les cours en ligne et les séminaires sur l'immobilier peuvent être des ressources précieuses.

2. **Définissez vos objectifs d'investissement** : Déterminez vos objectifs financiers et votre tolérance au risque. Recherchez-vous une appréciation à long terme, un flux de trésorerie mensuel ou une

combinaison des deux ? Vos objectifs guideront votre stratégie d'investissement.

3. **Choisissez un marché** : L'emplacement est crucial dans l'investissement immobilier. Recherchez des marchés avec une forte demande de location, une croissance démographique et une stabilité économique. Recherchez les valeurs des propriétés locales, les tarifs de location et les taux d'inoccupation.

4. **Planification financière** : Évaluez votre situation financière et déterminez combien vous pouvez vous permettre d'investir. Tenez compte de votre mise de fonds, de vos options de financement et des coûts de rénovation potentiels. Il est important d'avoir un plan financier solide en place.

5. **Recherche de propriétés et diligence raisonnable** : Commencez à rechercher des propriétés qui répondent à vos critères. Utilisez les plateformes immobilières en ligne, travaillez avec des agents immobiliers et assistez aux

enchères immobilières. Effectuer une diligence raisonnable approfondie, y compris des inspections de propriété, des recherches de titres et une analyse de quartier.

6. **Financement** : Obtenez un financement grâce à une hypothèque ou à d'autres options de financement. Comparez les taux d'intérêt, les conditions du prêt et les exigences du prêteur. Assurez-vous d'avoir une bonne cote de crédit et des fonds suffisants pour l'acompte.

7. **Gestion immobilière** : décidez si vous gérerez la propriété vous-même ou si vous engagerez une société de gestion immobilière. Gérer soi-même la propriété peut permettre d'économiser de l'argent, mais demande du temps et des efforts. Une société de gestion immobilière peut gérer la sélection des locataires, la perception des loyers, l'entretien et d'autres tâches.

8. **Contrôle des locataires** : Trouver des locataires fiables est crucial pour un

investissement immobilier locatif réussi. Effectuez des vérifications approfondies des antécédents, des vérifications de crédit et vérifiez les antécédents d'emploi et de location. Un bon locataire peut garantir des revenus locatifs constants et minimiser les dommages matériels.

9. **Gestion continue** : Entretenir régulièrement la propriété, répondre aux préoccupations des locataires et tenir des registres détaillés des dépenses et des revenus. Rester proactif dans la gestion immobilière peut aider à préserver la valeur de la propriété et à garantir la satisfaction des locataires.

Défis et risques

Si les propriétés locatives offrent de nombreux avantages, elles comportent également des défis et des risques :

1. **Gestion immobilière** : La gestion des propriétés locatives peut prendre du temps et

nécessite de gérer les locataires, les problèmes d'entretien et les questions juridiques.

2. **Vacances** : Les périodes de vacance peuvent entraîner une perte de revenus locatifs. Une sélection efficace des locataires et l'entretien d'une propriété recherchée peuvent aider à minimiser les logements vacants.

3. **Fluctuations du marché** : Les marchés immobiliers peuvent être imprévisibles. Les ralentissements économiques, les changements dans la demande locale ou les catastrophes naturelles peuvent avoir un impact sur la valeur des propriétés et les revenus locatifs.

4. **Risques de financement** : Les fluctuations des taux d'intérêt, les changements dans les politiques de prêt et la disponibilité du financement peuvent affecter votre investissement.

5. **Questions juridiques et réglementaires** : Les investissements immobiliers sont soumis à diverses lois et réglementations, notamment les lois sur les propriétaires-locataires, les lois de zonage et les taxes foncières. Rester informé et conforme est essentiel.

Malgré ces défis, les propriétés locatives restent une forme lucrative et populaire de revenu passif. Avec une recherche, une planification et une gestion appropriées, ils peuvent fournir un flux de revenus fiable et une accumulation de richesse à long terme.

Financement participatif immobilier

Le financement participatif immobilier est un modèle d'investissement relativement nouveau qui permet aux investisseurs individuels de mettre en commun leurs ressources pour investir dans des projets immobiliers. Cette approche donne accès à des opportunités immobilières qui pourraient être hors de portée des investisseurs individuels en raison des exigences élevées en capital.

Avantages du financement participatif immobilier

1. **Exigence de capital inférieure** : les plateformes de financement participatif vous permettent d'investir dans l'immobilier avec des sommes d'argent relativement faibles, ce qui le rend accessible à un plus large éventail d'investisseurs.

2. **Diversification** : En mettant en commun vos ressources avec d'autres investisseurs, vous pouvez diversifier vos investissements immobiliers sur plusieurs propriétés et emplacements.

3. **Investissement passif** : Le financement participatif immobilier est un investissement sans intervention. La plateforme ou le sponsor du projet gère la propriété, vous permettant de gagner un revenu passif sans les responsabilités de gestion immobilière.

4. **Accès aux propriétés haut de gamme** : les plateformes de financement participatif offrent souvent un accès à des propriétés de haute qualité gérées par des professionnels que les investisseurs individuels ne pourraient peut-être pas acquérir par eux-mêmes.

Étapes pour investir dans le financement participatif immobilier

1. **Recherchez et choisissez une plateforme** : De nombreuses plateformes de financement participatif immobilier sont disponibles, chacune avec des opportunités d'investissement, des montants d'investissement minimum et des structures de frais différents. Recherchez et comparez les plateformes pour en trouver une qui correspond à vos objectifs d'investissement et à votre tolérance au risque.

2. **Comprendre l'investissement** : Examinez attentivement les détails de l'opportunité d'investissement, y compris le type de propriété, l'emplacement, les rendements projetés, la durée de l'investissement et les risques associés. La plupart des plateformes fournissent des prospectus détaillés et des projections financières.

3. **Diversifiez vos investissements** : Pour minimiser les risques, envisagez d'investir dans

plusieurs projets de financement participatif dans différents types de propriétés et emplacements. La diversification peut aider à protéger votre portefeuille de placements contre les fluctuations du marché et les risques spécifiques au projet.

4. **Surveiller les performances** : Bien que le financement participatif soit un investissement passif, il est toujours important de surveiller les performances de vos investissements. Consultez régulièrement les mises à jour de la plateforme et restez informé du marché immobilier.

Défis et risques

Le financement participatif immobilier, s'il offre de nombreux avantages, comporte également des risques inhérents :

1. **Risque de plateforme** : Le succès de votre investissement est lié à la fiabilité et aux compétences de gestion de la plateforme de

financement participatif et des sponsors du projet.

2. **Risque de liquidité** : les investissements de financement participatif sont généralement illiquides, ce qui signifie que vous ne pourrez peut-être pas facilement vendre vos actions ou quitter l'investissement avant la fin de la durée d'investissement.

3. **Risque de marché** : Comme pour tout investissement immobilier, les conditions du marché peuvent affecter la valeur des propriétés et les revenus locatifs. Les ralentissements économiques ou les changements dans la demande locale peuvent avoir un impact sur vos rendements.

4. **Risque réglementaire** : Le financement participatif immobilier est soumis à une surveillance réglementaire, et les modifications apportées à la réglementation pourraient affecter la disponibilité ou les conditions des opportunités d'investissement.

Malgré ces risques, le financement participatif immobilier peut être une option intéressante pour les investisseurs cherchant à diversifier leur portefeuille et à tirer un revenu passif de l'immobilier sans les responsabilités liées à la propriété directe d'un bien immobilier.

Fiducies de placement immobilier (REIT)

Les fiducies de placement immobilier (REIT) sont des sociétés qui possèdent, exploitent ou financent des biens immobiliers générateurs de revenus dans divers secteurs. Les REIT offrent aux investisseurs individuels un moyen d'investir dans des biens immobiliers à grande échelle et générateurs de revenus sans posséder directement les propriétés. Selon la loi, les REIT doivent distribuer au moins 90 % de leur revenu imposable aux actionnaires sous forme de dividendes.

Avantages des FPI

1. **Liquidité** : contrairement aux investissements immobiliers directs, les REIT sont cotés en bourse sur les principales bourses,

offrant ainsi de la liquidité et une facilité d'achat et de vente d'actions.

2. **Diversification** : les FPI investissent généralement dans un portefeuille diversifié de propriétés dans différents secteurs, tels que le résidentiel, le commercial, l'industrie et la santé. Cette diversification réduit le risque et offre une exposition à divers marchés immobiliers.

3. **Revenu régulier** : les FPI sont tenus de distribuer une partie importante de leurs revenus sous forme de dividendes, offrant ainsi un flux constant de revenus passifs aux investisseurs.

4. **Gestion professionnelle** : Les FPI sont gérés par des équipes de professionnels possédant une expertise dans l'acquisition, le développement et la gestion immobilières, garantissant des opérations immobilières efficaces et efficientes.

Types de FPI

1. **FPI d'actions** : Ces FPI possèdent et exploitent des propriétés génératrices de revenus. Ils génèrent des revenus principalement

grâce aux revenus locatifs de leurs propriétés et à la plus-value de leurs propriétés.

2. **FPI hypothécaires** : Ces FPI fournissent du financement pour des biens immobiliers générateurs de revenus en achetant ou en créant des prêts hypothécaires et des titres adossés à des créances hypothécaires. Ils génèrent des revenus grâce aux intérêts sur les prêts hypothécaires.

3. ** REIT hybrides ** : Ces REIT combinent les stratégies d'investissement des REIT d'actions et des REIT hypothécaires, en possédant des propriétés et en accordant des prêts immobiliers.

Étapes pour investir dans des REIT

1. **Rechercher et sélectionner des REIT** : recherchez divers REIT pour comprendre leur orientation d'investissement, leur portefeuille immobilier, leurs performances financières et leur équipe de direction. Tenez compte de

facteurs tels que le rendement des dividendes, les performances historiques et les conditions du marché.

2. **Diversifiez votre portefeuille de FPI** : Pour minimiser les risques, investissez dans une combinaison de FPI qui couvrent différents secteurs et emplacements géographiques. La diversification peut aider à protéger votre investissement contre les ralentissements spécifiques à un secteur.

3. **Ouvrir un compte de courtage** : Pour investir dans des FPI cotées en bourse, vous devrez ouvrir un compte de courtage. De nombreuses maisons de courtage en ligne proposent une configuration de compte simple et des frais de négociation faibles. Assurez-vous de choisir une plateforme qui répond à vos besoins et offre une large gamme d'options REIT.

4. **Investissez dans des fonds communs de placement ou des FNB REIT** : Si vous préférez une approche plus pratique, envisagez

d'investir dans des fonds communs de placement REIT ou des fonds négociés en bourse (FNB). Ces fonds mettent en commun l'argent de plusieurs investisseurs pour investir dans un portefeuille diversifié de REIT, offrant ainsi une large exposition au marché immobilier avec un seul investissement.

5. **Surveillez vos investissements** : examinez régulièrement les performances de vos investissements REIT et restez informé des tendances du marché. Gardez un œil sur les rendements des dividendes, les rapports financiers et tout changement important dans le portefeuille immobilier ou la gestion du FPI.

Défis et risques

Si les REIT offrent plusieurs avantages, ils comportent également des risques dont les investisseurs doivent être conscients :

1. **Volatilité du marché** : Comme d'autres titres cotés en bourse, les FPI sont soumis aux

fluctuations du marché et peuvent être affectés par les conditions économiques plus larges, les variations des taux d'intérêt et le sentiment des investisseurs.

2. **Risque de taux d'intérêt** : Les FPI sont sensibles aux variations des taux d'intérêt. La hausse des taux d'intérêt peut augmenter les coûts d'emprunt pour les REIT et rendre leurs rendements en dividendes moins attrayants par rapport aux investissements à revenu fixe.

3. **Risque de gestion** : La performance d'un FPI est fortement influencée par son équipe de direction. De mauvaises décisions de gestion peuvent avoir un impact négatif sur la performance financière du FPI et, par conséquent, sur les rendements des investisseurs.

4. **Risques spécifiques au secteur** : Différents types de REIT sont exposés à divers risques spécifiques au secteur. Par exemple, les REIT de commerce de détail peuvent être affectés par les changements de comportement des consommateurs et la montée du commerce électronique, tandis que les REIT de bureaux

peuvent être confrontés à des défis dus aux tendances du travail à distance.

Malgré ces risques, les REIT restent un choix populaire pour les investisseurs en quête de revenus passifs et de diversification sur le marché immobilier.

Se lancer dans l'investissement immobilier

Maintenant que nous avons exploré les différents types d'investissements immobiliers, discutons des étapes pratiques pour commencer.

1. Évaluez votre situation financière

Avant d'effectuer tout investissement, il est crucial d'évaluer votre santé financière. Déterminez votre valeur nette, évaluez vos revenus et dépenses et établissez un fonds d'urgence. Les investissements immobiliers nécessitent souvent un capital important, donc avoir une bonne compréhension de votre situation financière vous aidera à prendre des décisions éclairées.

2. Fixez-vous des objectifs d'investissement clairs

Définissez vos objectifs d'investissement. Cherchez-vous à générer des flux de trésorerie immédiats, une appréciation à long terme, ou les deux ? Vos objectifs influenceront votre choix de type et de stratégie d'investissement immobilier. Fixer des objectifs clairs et réalistes vous fournira une orientation et vous aidera à mesurer vos progrès.

3. Réaliser une étude de marché

Une étude de marché approfondie est essentielle pour réussir un investissement immobilier. Étudiez les tendances immobilières locales et nationales, la valeur des propriétés, les taux de location et les taux d'inoccupation. Identifiez les marchés avec un fort potentiel de croissance, une stabilité économique et une démographie favorable. Des outils tels que Zillow, Realtor.com et les rapports immobiliers locaux peuvent fournir des informations précieuses.

4. Créez un plan d'affaires

Un plan d'affaires bien pensé est essentiel pour guider votre parcours d'investissement immobilier. Décrivez votre stratégie d'investissement, votre marché cible, vos projections financières et votre plan de gestion des risques. Un plan d'affaires solide vous aidera à rester concentré et organisé, ce qui vous permettra de naviguer plus facilement dans les complexités de l'investissement immobilier.

5. Construisez une équipe

Un investissement immobilier réussi implique souvent une équipe de professionnels. Pensez à travailler avec des agents immobiliers, des courtiers hypothécaires, des gestionnaires immobiliers, des entrepreneurs et des avocats. Une équipe compétente et expérimentée peut vous fournir des conseils et un soutien précieux, vous aidant à prendre des décisions éclairées et à éviter les pièges courants.

6. Financement sécurisé

Explorez vos options de financement et choisissez celle qui correspond le mieux à vos besoins. Les prêts hypothécaires conventionnels, les prêts FHA, les prêts VA et les prêts d'argent dur sont quelques-unes des options de financement disponibles. Comparez les taux d'intérêt, les conditions de prêt et les exigences de qualification. Il est également essentiel de maintenir une bonne cote de crédit et de disposer de fonds suffisants pour l'acompte et les frais de clôture.

7. Commencez petit et évoluez progressivement

Si vous débutez dans l'investissement immobilier, commencez par un petit investissement pour acquérir de l'expérience et renforcer votre confiance. Au fur et à mesure que vous devenez plus à l'aise et plus compétent, vous pouvez progressivement augmenter vos investissements. Commencer modestement minimise également votre exposition aux risques et vous permet d'apprendre de vos erreurs sans conséquences financières importantes.

8. Surveillez et ajustez votre stratégie

Les marchés immobiliers sont dynamiques et rester informé est essentiel pour réussir à long terme. Examinez régulièrement les performances de vos investissements, suivez les tendances du marché et soyez prêt à ajuster votre stratégie si nécessaire. La flexibilité et l'adaptabilité sont essentielles pour naviguer dans un paysage immobilier en constante évolution.

Stratégies avancées d'investissement immobilier

Une fois que vous avez acquis une certaine expérience et confiance dans l'investissement immobilier, vous pouvez explorer des stratégies avancées pour améliorer encore vos rendements.

1. Piratage de maison

Le piratage de maison consiste à acheter une propriété, à vivre dans un logement et à louer les autres. Cette stratégie vous permet de compenser votre hypothèque et vos frais de subsistance avec des revenus locatifs. Le piratage de maison est un excellent moyen de commencer à investir dans l'immobilier avec un risque financier moindre, en particulier pour les premiers acheteurs de maison.

2. Réparer et retourner

La stratégie de réparation et de retournement consiste à acheter des propriétés en difficulté, à les rénover et à les vendre avec profit. Cette approche nécessite un œil attentif sur les propriétés sous-évaluées, de solides compétences en gestion de projet et une connaissance du marché local. Même si la réparation et le retournement peuvent être très rentables, ils comportent également des risques plus élevés et nécessitent un capital et des efforts initiaux importants.

3. Stratégie BRRRR

La stratégie BRRRR signifie Acheter, Réhabiliter, Louer, Refinancer, Répéter. Cette méthode consiste à acheter une propriété en difficulté, à la rénover, à la louer, à refinancer l'hypothèque en fonction de la nouvelle valeur de la propriété et à utiliser les fonds de retrait pour acheter une autre propriété. La stratégie BRRRR vous permet de constituer un portefeuille de biens locatifs tout en recyclant votre capital initial.

4. Locations à court terme

Les locations à court terme, telles que celles répertoriées sur Airbnb ou VRBO, peuvent générer des revenus locatifs plus élevés que les baux à long terme. Ils nécessitent cependant une gestion plus active et sont soumis aux réglementations locales et aux fluctuations des marchés. Investir dans des locations de vacances dans des destinations touristiques très demandées peut être particulièrement lucratif.

5. Syndicats immobiliers

La syndication immobilière implique la mise en commun des fonds de plusieurs investisseurs pour acheter des propriétés ou des développements plus grands. En tant qu'investisseur passif, vous apportez du capital et recevez une part des bénéfices, tandis que le syndicateur gère le projet. Les syndications offrent un potentiel de rendements plus élevés et un accès à des propriétés haut de gamme, mais elles comportent également des risques plus élevés et nécessitent une diligence raisonnable approfondie.

6. Immobilier commercial

Investir dans l'immobilier commercial, tel que les immeubles de bureaux, les centres commerciaux et les propriétés industrielles, peut générer des rendements plus élevés et des durées de location plus longues que les propriétés résidentielles. Cependant, l'immobilier commercial nécessite une compréhension plus approfondie de la dynamique du marché, des besoins des locataires et de la gestion immobilière.

Considérations fiscales pour les investisseurs immobiliers

L'investissement immobilier offre plusieurs avantages fiscaux qui peuvent améliorer vos rendements globaux. Comprendre et exploiter ces avantages est essentiel pour maximiser votre investissement.

1. Dépréciation

L'amortissement vous permet de déduire le coût du bien sur sa durée de vie utile, réduisant ainsi votre revenu imposable. L'IRS vous permet d'amortir les propriétés résidentielles sur 27,5 ans et les propriétés commerciales sur 39 ans. L'amortissement peut réduire considérablement votre obligation fiscale, en particulier au cours des premières années de propriété.

2. Déduction des intérêts hypothécaires

Vous pouvez déduire les intérêts payés sur votre prêt hypothécaire pour les immeubles locatifs, réduisant ainsi votre revenu imposable. Cette déduction peut être substantielle, surtout dans les premières années du prêt hypothécaire, lorsque les paiements d'intérêts sont plus élevés.

3. Déduction de l'impôt foncier

Les impôts fonciers payés sur les immeubles locatifs sont déductibles, réduisant encore davantage votre revenu imposable. Conservez des registres détaillés de tous les paiements

d'impôts fonciers pour demander cette déduction
avec précision.

4. Échange 1031

Un échange 1031 vous permet de reporter
l'impôt sur les plus-values en réinvestissant le
produit de la vente d'une propriété dans une
propriété similaire. Cette stratégie peut vous
aider à développer votre portefeuille immobilier
sans encourir de dettes fiscales immédiates.
Cependant, des règles et des délais stricts de
l'IRS régissent les échanges 1031, il est donc
essentiel de travailler avec un intermédiaire et un
fiscaliste qualifié.

5. Règles de perte d'activité passive

L'immobilier locatif est considéré comme une
activité passive et les pertes éventuelles peuvent
compenser d'autres revenus passifs. Si vos pertes
passives dépassent votre revenu passif, vous
pouvez reporter les pertes sur les années futures

ou les compenser avec les gains provenant de la vente de la propriété.

6. Déduction pour revenu d'entreprise admissible

Si vous êtes qualifié en tant que professionnel de l'immobilier, vous pourriez avoir droit à la déduction sur les revenus d'entreprise qualifiés (QBI), qui vous permet de déduire jusqu'à 20 % de vos revenus locatifs nets. La déduction QBI peut permettre des économies d'impôt importantes, mais elle comporte des exigences et des limites spécifiques.

L'investissement immobilier offre une gamme diversifiée d'opportunités pour générer des revenus passifs et créer un patrimoine à long terme. Que vous choisissiez d'investir dans des propriétés locatives, du financement participatif immobilier ou des REIT, comprendre les avantages, les risques et les stratégies associés à chaque type d'investissement est crucial pour réussir.

Les immeubles locatifs fournissent des flux de trésorerie et une appréciation de la propriété stables, mais nécessitent une gestion active et comportent certains risques. Le financement participatif immobilier offre un accès à des propriétés haut de gamme et une diversification avec une exigence de capital moindre, mais comporte des risques de plate-forme et de liquidité. Les REIT offrent liquidité, diversification et revenus réguliers, mais sont soumis à la volatilité des marchés et aux risques de taux d'intérêt.

Pour vous lancer dans l'investissement immobilier, évaluez votre situation financière, fixez des objectifs clairs, effectuez une étude de marché approfondie et créez un plan d'affaires solide. Constituer une équipe de professionnels et obtenir un financement approprié sont des étapes essentielles de votre parcours d'investissement. Au fur et à mesure que vous gagnez de l'expérience, envisagez des stratégies avancées telles que le piratage de maison, la réparation et le retournement, le BRRRR, les locations à court terme, les syndications immobilières et l'immobilier commercial pour améliorer encore vos rendements.

Comprendre les considérations fiscales, telles que l'amortissement, les déductions des intérêts hypothécaires et les échanges 1031, peut avoir un impact significatif sur vos rendements globaux. En tirant parti de ces avantages fiscaux, vous pouvez maximiser la rentabilité de vos investissements.

L'investissement immobilier, même s'il nécessite des efforts et une planification importants, peut constituer une voie très enrichissante vers la liberté financière. En diversifiant vos sources de revenus et en gérant stratégiquement vos investissements, vous pouvez constituer un portefeuille solide qui génère des revenus passifs et crée une richesse durable. Que vous soyez un investisseur novice ou expérimenté, l'immobilier offre une

multitude d'opportunités pour atteindre vos
objectifs financiers.

Chapitre 2 : Actions à dividendes

Les actions à dividendes représentent la pierre
angulaire des portefeuilles de nombreux
investisseurs, offrant à la fois une appréciation
potentielle du capital et un revenu régulier. Ce
chapitre explore les subtilités de l'investissement
en dividendes, fournissant un guide complet à
ceux qui cherchent à créer un flux de revenus
passif via le marché boursier. Nous explorerons
ce que sont les actions à dividendes, les types de
dividendes, comment sélectionner les bonnes
actions, les avantages et les risques associés à
l'investissement en dividendes et les stratégies
avancées pour maximiser vos rendements.

Comprendre les actions à dividendes

Les actions à dividendes sont des actions de sociétés qui distribuent une partie de leurs bénéfices aux actionnaires sous forme de dividendes. Ces paiements sont généralement effectués sur une base trimestrielle et peuvent constituer une source de revenus stable, en particulier pour les investisseurs à long terme.

Types de dividendes

1. **Dividendes en espèces** : Forme de dividendes la plus courante, les dividendes en espèces sont des paiements versés en espèces aux actionnaires. Ils sont généralement distribués par action, ce qui signifie que si vous possédez plus d'actions, vous recevez un dividende plus important.

2. **Dividendes en actions** : Au lieu d'espèces, les sociétés peuvent distribuer des actions supplémentaires aux actionnaires. Cela peut augmenter le nombre d'actions que vous

possédez sans affecter directement votre trésorerie.

3. **Dividendes spéciaux** : Il s'agit de paiements uniques effectués par des entreprises, résultant souvent de bénéfices ou d'événements extraordinaires. Les dividendes spéciaux ne font pas partie du calendrier de dividendes régulier et peuvent fournir une augmentation significative, quoique occasionnelle, du revenu.

4. **Dividendes privilégiés** : Versés aux détenteurs d'actions privilégiées, ces dividendes sont généralement fixes et payés avant que des dividendes ne soient émis aux actionnaires ordinaires. Les dividendes privilégiés sont plus prévisibles mais n'offrent généralement pas le même potentiel de croissance que les dividendes sur actions ordinaires.

Avantages de l'investissement en dividendes

1. **Revenu stable** : Les dividendes fournissent un flux de revenus régulier, ce qui

peut être particulièrement bénéfique pour les retraités ou ceux qui recherchent un revenu passif.

2. **Potentiel d'appréciation du capital** : En plus de gagner des dividendes, les investisseurs peuvent également bénéficier de l'appréciation du cours des actions des sociétés qui versent des dividendes.

3. **Opportunités de réinvestissement** : les plans de réinvestissement des dividendes (DRIP) permettent aux investisseurs de réinvestir automatiquement leurs dividendes pour acheter plus d'actions, augmentant ainsi les rendements au fil du temps.

4. **Avantages fiscaux** : Les dividendes qualifiés sont imposés à un taux inférieur à celui des revenus ordinaires, offrant ainsi un revenu fiscalement avantageux.

5. **Stabilité financière** : Les entreprises qui versent des dividendes réguliers ont souvent une

situation financière stable et solide, ce qui les rend potentiellement moins volatiles que les actions ne versant pas de dividendes.

6. **Couverture contre l'inflation** : les actions de croissance des dividendes, qui augmentent leurs versements au fil du temps, peuvent aider à se protéger contre l'inflation en fournissant des revenus croissants.

Risques liés à l'investissement en dividendes

1. **Réductions de dividendes** : les entreprises peuvent réduire ou éliminer leurs dividendes si elles sont confrontées à des difficultés financières, ce qui a un impact sur votre flux de revenus.

2. **Risque de marché** : Comme toutes les actions, les actions à dividendes sont soumises à la volatilité du marché et peuvent perdre de la valeur.

3. **Risque de taux d'intérêt** : La hausse des taux d'intérêt peut rendre les actions à dividendes moins attrayantes par rapport aux investissements à revenu fixe, ce qui pourrait entraîner une baisse des prix.

4. **Pièges à dividendes** : les actions à haut rendement peuvent sembler attrayantes mais pourraient indiquer des problèmes financiers sous-jacents ou des politiques de dividendes non durables.

Comment sélectionner les actions à dividendes

La sélection des bonnes actions à dividendes nécessite une analyse minutieuse et la prise en compte de divers facteurs. Voici quelques étapes et mesures clés à évaluer :

1. Rendement des dividendes

Le rendement du dividende est le dividende annuel versé divisé par le cours de l'action, exprimé en pourcentage. Même si un rendement élevé peut être attrayant, il est essentiel de garantir sa pérennité. Un rendement très élevé pourrait indiquer une baisse du cours de l'action ou une instabilité financière.

2. Ratio de distribution des dividendes

Le taux de distribution des dividendes est le pourcentage des bénéfices distribués sous forme de dividendes. Un ratio de distribution inférieur suggère que l'entreprise conserve davantage de bénéfices pour sa croissance et dispose d'un coussin pour maintenir ses dividendes pendant les périodes difficiles. En règle générale, un taux de distribution inférieur à 60 % est considéré comme sain, bien que cela puisse varier selon le secteur.

3. Historique des dividendes

Un historique constant de versement de dividendes indique une stabilité financière et un engagement à restituer de la valeur aux actionnaires. Les sociétés ayant un historique d'augmentation des dividendes, connues sous le nom d'aristocrates des dividendes ou de rois des dividendes, sont particulièrement attrayantes.

4. Croissance des bénéfices

Des bénéfices stables ou en croissance sont essentiels pour des dividendes durables. Les entreprises dont la croissance des bénéfices est forte et prévisible sont plus susceptibles de maintenir et d'augmenter leurs versements de dividendes.

5. Flux de trésorerie disponible

Le flux de trésorerie disponible (FCF) est la trésorerie générée par une entreprise après comptabilisation des dépenses en capital. Un FCF positif et en croissance indique qu'une entreprise dispose de suffisamment de liquidités pour couvrir les dividendes, le paiement de la dette et le réinvestissement dans l'entreprise.

6. Niveaux d'endettement

Des niveaux d'endettement élevés peuvent être un signal d'alarme, car les entreprises doivent honorer leurs dettes avant de payer des dividendes. L'évaluation des ratios d'endettement comme le ratio d'endettement peut aider à évaluer la santé financière.

7. Conditions industrielles et économiques

Certaines industries sont plus stables et moins sensibles aux cycles économiques, ce qui rend leurs dividendes plus fiables. Les services publics, les biens de consommation de base et les soins de santé sont des exemples de secteurs qui génèrent souvent des dividendes stables.

8. Gestion et gouvernance de l'entreprise

Une gestion solide, transparente et favorable aux actionnaires peut indiquer l'engagement d'une entreprise à maintenir et à accroître ses dividendes. Il est crucial de rechercher les antécédents de la direction et les pratiques de gouvernance.

Construire un portefeuille de dividendes

Construire un portefeuille de dividendes diversifié implique de sélectionner des actions dans divers secteurs et zones géographiques pour minimiser les risques et garantir un flux de revenus stable.

1.Diversification

Diversifiez votre portefeuille de dividendes en investissant dans des sociétés de différents secteurs et pays. Cela réduit l'impact des risques spécifiques au secteur et des ralentissements économiques dans une région donnée.

2. Croissance des dividendes par rapport au haut rendement

Équilibrez votre portefeuille avec une combinaison d'actions à dividendes à haut rendement et d'actions de croissance des dividendes. Les actions à haut rendement procurent un revenu immédiat, tandis que les actions à dividendes croissants offrent la possibilité d'augmenter les versements au fil du temps.

3. Réinvestissement

Pensez à réinvestir vos dividendes pour acheter des actions supplémentaires, soit via des DRIP, soit manuellement. Le réinvestissement peut augmenter vos rendements et accélérer l'accumulation de richesse.

4. Surveillance et rééquilibrage

Examinez régulièrement votre portefeuille pour vous assurer qu'il correspond à vos objectifs d'investissement et à votre tolérance au risque. Rééquilibrez vos avoirs si nécessaire pour maintenir la diversification et profiter de nouvelles opportunités.

Stratégies avancées d'investissement en dividendes

Pour les investisseurs expérimentés, les stratégies avancées peuvent améliorer les rendements et gérer les risques.

1. Plans de réinvestissement des dividendes (DRIP)

Les DRIP vous permettent de réinvestir automatiquement les dividendes pour acheter plus d'actions de la société. Cet effet cumulatif peut augmenter considérablement les rendements à long terme. De nombreuses entreprises proposent des DRIP avec peu ou pas de commission, ce qui les rend rentables.

2. Rédaction d'appels couverts

La rédaction d'options d'achat couvertes implique la vente d'options d'achat sur les actions à dividendes que vous possédez. Cette stratégie génère des revenus supplémentaires grâce aux primes d'options mais limite le potentiel de hausse en cas de hausse significative du cours de l'action. Cela peut être un moyen efficace d'améliorer les rendements dans un marché stable ou en lente hausse.

3. Stratégie de capture des dividendes

La stratégie de capture des dividendes consiste à acheter une action juste avant sa date ex-dividende pour recevoir le dividende, puis à la vendre peu de temps après. Cette approche nécessite un timing précis et une compréhension des implications fiscales et des coûts de transaction.

4. Actions internationales à dividendes

Investir dans des actions internationales à dividendes peut offrir des rendements plus élevés et des avantages en matière de diversification. Recherchez les entreprises étrangères et soyez conscient des risques de change, des implications fiscales et de la stabilité politique.

5. Fiducies de placement immobilier (REIT)

Les REIT sont des sociétés qui possèdent et exploitent des biens immobiliers générateurs de revenus. Ils sont tenus de distribuer une partie importante de leurs revenus sous forme de dividendes, offrant ainsi des rendements attractifs. Les REIT offrent une exposition à l'immobilier sans les complexités de la propriété directe.

6. Master Limited Partnerships (MLP)

Les MLP sont des sociétés impliquées dans le secteur de l'énergie, principalement dans le segment intermédiaire, qui comprend le transport et le stockage du pétrole et du gaz. Les MLP offrent des rendements élevés et des avantages fiscaux, mais ils peuvent être sensibles aux prix des matières premières et aux changements réglementaires.

Études de cas sur l'investissement en dividendes

L'examen d'exemples concrets peut fournir des informations précieuses sur les stratégies réussies d'investissement en dividendes.

Étude de cas 1 : Investissement dans la croissance des dividendes

Profil d'investisseur : Emily, une professionnelle de 35 ans, cherche à constituer un portefeuille de dividendes à long terme pour compléter son revenu de retraite.

Investissement : Emily se concentre sur les aristocrates de dividendes, des entreprises ayant un historique d'augmentation des dividendes pendant au moins 25 années consécutives. Elle sélectionne des actions dans divers secteurs, notamment Johnson & Johnson (soins de santé), Coca-Cola (biens de consommation de base) et Procter & Gamble (biens de consommation).

Croissance des dividendes : Sur 10 ans, ces sociétés continuent d'augmenter leurs dividendes chaque année, offrant à Emily un flux de revenus croissant. En réinvestissant les dividendes, elle bénéficie de rendements composés.

Rendements totaux : Le portefeuille d'Emily fournit non seulement un revenu croissant, mais prend également de la valeur, améliorant considérablement ses rendements globaux et sa sécurité financière.

Étude de cas 2 : Investissement en dividendes à haut rendement

Profil d'investisseur : David, retraité de 55 ans, recherche un revenu immédiat pour couvrir ses frais de subsistance.

Investissement : David investit dans des actions à dividendes à haut rendement, notamment AT&T (télécommunications), Altria (tabac) et Realty Income (REIT). Ces actions offrent des rendements en dividendes de 5 à 7 %, générant des revenus substantiels.

Revenu de dividendes : David reçoit des dividendes réguliers, qu'il utilise pour couvrir ses frais de subsistance sans vendre ses principaux investissements.

Gestion des risques : David surveille attentivement la santé financière et les ratios de distribution de ses actions à haut rendement pour éviter d'éventuelles réductions de dividendes. Il maintient un portefeuille diversifié pour atténuer les risques spécifiques au secteur.

Rendements totaux : Même si le portefeuille de David ne s'apprécie pas aussi rapidement que les placements axés sur la croissance, il lui procure le revenu stable dont il a besoin à la retraite.

Considérations fiscales pour les investisseurs en dividendes

Comprendre les implications fiscales de l'investissement en dividendes est essentiel pour maximiser vos rendements après impôt.

1. Dividendes qualifiés et dividendes ordinaires

Les dividendes qualifiés sont imposés au taux inférieur des plus-values à long terme, qui varie de 0 % à 20 % selon votre tranche de revenus. Pour être admissibles, les dividendes doivent être payés par une société américaine ou une société étrangère admissible, et vous devez respecter des exigences spécifiques en matière de période de détention. En revanche, les dividendes ordinaires sont imposés à vos taux d'imposition sur le revenu habituels, qui peuvent être considérablement plus élevés.

2. Réinvestissement des dividendes

Lorsque vous réinvestissez des dividendes via un DRIP, chaque réinvestissement est considéré comme un nouvel achat d'actions. Il est important de conserver des registres détaillés de ces transactions afin de calculer avec précision votre coût de base lorsque vous vendrez éventuellement les actions, ce qui affectera vos impôts sur les plus-values.

3. Comptes fiscalement avantageux

Investir dans des actions à dividendes au sein de comptes fiscalement avantageux, tels que les comptes de retraite individuels (IRA) ou les Roth IRA, peut offrir des avantages fiscaux importants. Dans un IRA traditionnel, vos investissements croissent avec report d'impôt, ce qui signifie que vous ne payez pas d'impôts sur les dividendes ou les gains en capital jusqu'à ce que vous retiriez des fonds à la retraite. Dans un Roth IRA, les retraits admissibles sont exonérés d'impôt, ce qui signifie que vous pouvez éviter complètement les impôts sur les dividendes.

4. Dividendes étrangers

Si vous investissez dans des actions internationales à dividendes, vous pourriez être soumis à des retenues à la source étrangères. De nombreux pays retiennent une partie des dividendes versés aux investisseurs étrangers, mais vous pourrez peut-être demander un crédit pour impôt étranger dans votre déclaration de revenus américaine pour compenser tout ou partie de ces impôts.

5. Récolte des pertes fiscales

Si vous vendez des actions à dividendes à perte, vous pouvez utiliser ces pertes pour compenser les plus-values d'autres investissements, réduisant ainsi potentiellement votre obligation fiscale globale. La récolte de pertes fiscales peut être une stratégie efficace pour gérer votre facture fiscale, en particulier les années où la volatilité des marchés crée des pertes dans votre portefeuille.

Outils et ressources d'investissement en dividendes

Tirer parti des bons outils et ressources peut améliorer votre capacité à rechercher, sélectionner et gérer efficacement les actions à dividendes.

1. Plateformes d'actualités et d'analyses financières

Des sites Web tels que Yahoo Finance, Google Finance, Bloomberg et Seeking Alpha fournissent des informations financières complètes, des analyses boursières et des données en temps réel qui peuvent vous aider à rester informé des tendances du marché et des performances de chaque action.

2. Filtres d'actions à dividendes

Les filtres d'actions à dividendes, tels que ceux proposés par Morningstar, FINVIZ et Simply Wall St, vous permettent de filtrer les actions en fonction de divers critères, notamment le rendement en dividendes, le ratio de distribution et l'historique des dividendes. Ces outils peuvent vous aider à identifier des opportunités d'investissement potentielles qui répondent à vos besoins spécifiques.

3. Outils de recherche en courtage

De nombreuses maisons de courtage en ligne proposent des outils de recherche avancés et des rapports d'analystes financiers réputés. Des plateformes telles que Charles Schwab, Fidelity et TD Ameritrade donnent accès à des analyses boursières approfondies, des notations et des recommandations.

4. Applications de suivi des dividendes

Des applications telles que DivTracker, Robinhood et M1 Finance peuvent vous aider à suivre vos revenus de dividendes, à surveiller les performances de votre portefeuille et à mettre en place des plans de réinvestissement automatisés. Ces outils facilitent la gestion de vos investissements et restent au top de vos objectifs financiers.

5. Newsletters et blogs d'investissement

L'abonnement à des newsletters d'investissement et le suivi de blogs financiers peuvent fournir des informations précieuses et vous tenir informé des nouvelles opportunités d'investissement. Les newsletters populaires telles que The Motley Fool, Morningstar DividendInvestor et Sure Dividend se concentrent spécifiquement sur les stratégies et recommandations d'investissement en dividendes.

Étapes pratiques pour commencer à investir dans des actions à dividendes

Se lancer dans l'investissement en dividendes implique une série d'étapes pratiques pour constituer et gérer efficacement votre portefeuille.

Étape 1 : Fixez des objectifs d'investissement clairs

Définissez vos objectifs financiers et déterminez comment l'investissement en dividendes s'intègre dans votre stratégie d'investissement globale. Tenez compte de votre tolérance au risque, de votre horizon temporel et de vos besoins en matière de revenus pour établir un plan clair.

Étape 2 : Choisissez une maison de courtage

Sélectionnez une maison de courtage en ligne qui propose des frais peu élevés, des outils de recherche robustes et une plateforme conviviale. Pensez aux maisons de courtage comme Vanguard, Fidelity ou Charles Schwab, qui sont connues pour leurs services complets et leur soutien aux investisseurs en dividendes.

Étape 3 : ouvrez un compte

Ouvrez un compte de courtage et approvisionnez-le avec le montant que vous envisagez d'investir. Si vous recherchez des avantages fiscaux, envisagez d'ouvrir un compte fiscalement avantageux comme un IRA ou un Roth IRA.

Étape 4 : Rechercher et sélectionner des actions

Utilisez des filtres d'actions à dividendes et des outils de recherche pour identifier les actions à dividendes de haute qualité qui correspondent à vos critères d'investissement. Analysez les états financiers, les ratios de distribution, l'historique des dividendes et les perspectives de croissance pour prendre des décisions éclairées.

Étape 5 : Diversifiez votre portefeuille

Construisez un portefeuille diversifié en investissant dans des actions à dividendes dans divers secteurs et zones géographiques. La diversification contribue à réduire les risques et fournit un flux de revenus plus stable.

Étape 6 : Surveiller et réinvestir

Examinez régulièrement les performances de votre portefeuille et surveillez la santé financière de vos actions à dividendes. Utilisez les DRIP ou réinvestissez manuellement les dividendes pour acheter des actions supplémentaires et augmenter vos rendements au fil du temps.

Étape 7 : Restez informé et ajustez-vous

Restez informé des tendances du marché, des conditions économiques et des actualités spécifiques à l'entreprise qui peuvent avoir un impact sur vos investissements. Soyez prêt à ajuster votre portefeuille au besoin pour rester en phase avec vos objectifs financiers et votre tolérance au risque.

Étude de cas 3 : Créer un flux de revenus de retraite avec des actions à dividendes

Profil d'investisseur : James, un homme de 60 ans proche de la retraite, cherche à créer un flux de revenus fiable pour compléter sa retraite et ses prestations de sécurité sociale.

Stratégie d'investissement : James se concentre sur la constitution d'un portefeuille d'actions de haute qualité versant des dividendes dans divers secteurs, notamment les services publics, les biens de consommation de base, la santé et les REIT. Il donne la priorité aux sociétés ayant de solides antécédents en matière de versement de dividendes et un potentiel de croissance des dividendes.

Composition du portefeuille :
- Utilitaires : Duke Energy, Southern Company
- Consommation de base : Procter & Gamble, PepsiCo
- Santé : Johnson & Johnson, Pfizer
- REIT : revenus immobiliers, immobilier numérique

Génération de revenus : Le portefeuille de James offre un rendement en dividendes moyen de 4 %, générant un revenu substantiel sans épuiser son investissement principal.

Réinvestissement et capitalisation : Jusqu'à la retraite, James réinvestit ses dividendes pour acheter des actions supplémentaires, améliorant ainsi le potentiel de génération de revenus de son portefeuille grâce à la capitalisation.

Gestion fiscale : En détenant ses investissements dans un Roth IRA, James s'assure que ses retraits admissibles à la retraite sont libres d'impôt, maximisant ainsi son revenu après impôt.

Rendements totaux : Sur 10 ans, la valeur du portefeuille de James s'apprécie en raison à la fois des gains en capital et des dividendes réinvestis, fournissant un pécule important et un flux de revenu fiable à la retraite.

L'investissement en dividendes est une stratégie puissante pour générer des revenus passifs et créer une richesse à long terme. En comprenant les fondamentaux des actions à dividendes, en sélectionnant des sociétés de haute qualité et en employant des stratégies avancées, vous pouvez créer un portefeuille solide qui fournit un revenu stable et une appréciation du capital.

Que vous soyez un investisseur novice ou un professionnel chevronné, les actions à dividendes offrent un moyen convaincant d'atteindre la liberté financière et de répondre à vos besoins de revenus. En fixant des objectifs clairs, en effectuant des recherches approfondies et en tirant parti des bons outils, vous pouvez naviguer dans les complexités de l'investissement en dividendes et profiter des avantages d'un portefeuille de dividendes bien construit.

Chapitre 3 : Prêts entre particuliers

Les prêts peer-to-peer (P2P) sont devenus une option d'investissement alternative populaire, permettant aux particuliers de prêter de l'argent directement aux emprunteurs via des plateformes en ligne. Ce chapitre explore les principes fondamentaux des prêts P2P, les avantages et les risques impliqués, les stratégies pour un investissement réussi, les considérations réglementaires et des études de cas réels pour illustrer son potentiel à générer des revenus passifs.

Introduction aux prêts peer-to-peer

Les plateformes de prêt peer-to-peer mettent en relation les investisseurs (prêteurs) avec des emprunteurs à la recherche de prêts personnels, de prêts aux petites entreprises ou d'autres types de financement. En supprimant les intermédiaires financiers traditionnels comme les banques, les prêts P2P offrent des rendements potentiellement plus élevés pour les investisseurs et des options d'emprunt plus accessibles pour les particuliers et les entreprises.

Comment fonctionne le prêt peer-to-peer

1. **Sélection de la plateforme** : les investisseurs choisissent une plateforme de prêt P2P en fonction de facteurs tels que les types de prêts proposés, les profils des emprunteurs, les performances historiques, les frais et la conformité réglementaire.

2. **Sélection de prêts** : les investisseurs parcourent les listes de prêts sur la plateforme et sélectionnent les prêts individuels à financer en

fonction des profils de crédit des emprunteurs, de l'objectif du prêt, des taux d'intérêt et des évaluations des risques fournies par la plateforme.

3. **Investissement** : les investisseurs financent les prêts partiellement ou entièrement, en répartissant leur investissement sur plusieurs prêts pour diversifier les risques. Chaque prêt se compose généralement de contributions de plusieurs investisseurs.

4. **Remboursement et rendements** : les emprunteurs effectuent des paiements mensuels comprenant le principal et les intérêts. Les investisseurs reçoivent leur part des remboursements, qui peuvent être réinvestis dans dc nouveaux prêts aux rendements composés.

Avantages du prêt peer-to-peer

1. **Des rendements plus élevés** : les prêts P2P offrent des rendements potentiellement plus

élevés par rapport aux comptes d'épargne ou aux obligations traditionnels, en fonction du profil de risque des prêts.

2. **Diversification** : les investisseurs peuvent répartir leur investissement sur plusieurs prêts présentant des profils de risque variés, réduisant ainsi l'impact des défauts de paiement sur les rendements globaux.

3. **Revenu passif** : Une fois les prêts financés, les investisseurs gagnent un revenu passif sous la forme de paiements d'intérêts réguliers et de remboursements de principal.

4. **Accessibilité** : les plateformes de prêt P2P donnent accès à des opportunités d'investissement traditionnellement réservées aux investisseurs institutionnels ou aux banques.

5. **Contrôle et transparence** : les investisseurs contrôlent les prêts à financer et peuvent accéder à des informations détaillées sur les profils de crédit des emprunteurs, les

conditions des prêts et les performances historiques de la plateforme.

Risques des prêts peer-to-peer

1. **Risque de crédit** : les emprunteurs peuvent ne pas rembourser leurs prêts, entraînant une perte partielle ou totale du capital investi. Des rendements plus élevés sont généralement associés à des prêts à risque de crédit plus élevé.

2. **Risque de plateforme** : les plateformes de prêt P2P peuvent être confrontées à des risques opérationnels, à des changements réglementaires ou à des difficultés financières qui pourraient avoir un impact sur les rendements des investisseurs ou sur la capacité d'accéder aux fonds.

3. **Risque de liquidité** : contrairement aux actions ou obligations négociées sur les marchés publics, les prêts P2P peuvent avoir une liquidité limitée. Les investisseurs pourraient ne pas être

en mesure de vendre leurs prêts avant
l'échéance.

4. **Risque de taux d'intérêt** : les variations
des taux d'intérêt peuvent affecter le
comportement de remboursement des
emprunteurs et l'attractivité des prêts P2P par
rapport à d'autres investissements.

Types de plateformes de prêt peer-to-peer

1. **Prêts à la consommation** : des
plateformes comme LendingClub et Prosper
facilitent les prêts personnels à diverses fins,
telles que la consolidation de dettes,
l'amélioration de l'habitat ou les frais médicaux.

2. **Prêts aux petites entreprises** : des
plateformes telles que Funding Circle et Kiva
fournissent du financement aux petites
entreprises pour leur expansion, leurs achats de
stocks ou leurs besoins en fonds de roulement.

3. **Crowdfunding immobilier** : des plateformes comme RealtyMogul et PeerStreet permettent aux investisseurs de participer à des projets immobiliers en finançant des prêts garantis par des propriétés.

Stratégies pour un prêt peer-to-peer réussi

1.Diversification

Diversifiez votre investissement sur un grand nombre de prêts pour répartir les risques. En investissant de petites sommes dans de nombreux prêts plutôt qu'une somme importante dans quelques prêts, vous pouvez atténuer l'impact des défauts de paiement potentiels sur l'ensemble de votre portefeuille.

2. Évaluation des risques

Effectuer une diligence raisonnable approfondie sur les emprunteurs et les listes de prêts. Évaluez les profils de crédit des emprunteurs, l'objet du prêt, la stabilité des revenus, le ratio dette/revenu et d'autres facteurs pertinents fournis par la plateforme.

3. Critères d'investissement

Définissez des critères d'investissement clairs en fonction de votre tolérance au risque, de vos attentes en matière de rendement et de vos objectifs d'investissement. Ajustez votre stratégie au fil du temps en fonction des performances de la plateforme, des conditions économiques et de l'évolution des taux d'intérêt.

4. Stratégie de réinvestissement

Réinvestissez les remboursements et les intérêts gagnés dans de nouveaux prêts pour augmenter vos rendements. Les outils de réinvestissement automatisés proposés par les plateformes peuvent aider à rationaliser ce processus et à maximiser le potentiel de croissance de votre portefeuille.

5. Surveiller et ajuster

Surveillez régulièrement les performances de votre portefeuille de prêts, y compris l'état de remboursement, les impayés et les défauts de paiement. Ajustez votre stratégie d'investissement au besoin pour maintenir la diversification et minimiser les risques.

Considérations réglementaires

Les prêts peer-to-peer sont soumis à une surveillance réglementaire, qui varie selon les pays et les juridictions. Aux États-Unis, les plateformes doivent se conformer aux réglementations établies par la Securities and Exchange Commission (SEC) et les autorités des États. Les investisseurs doivent comprendre le cadre réglementaire régissant les prêts P2P dans leur juridiction et réfléchir à l'impact que la réglementation peut avoir sur les opérations de la plateforme et la protection des investisseurs.

Études de cas sur les prêts entre particuliers

Étude de cas 1 : Investissement en prêt personnel

Profil d'investisseur : Lisa, une investisseuse de 45 ans, alloue une partie de son portefeuille aux prêts P2P pour diversifier ses sources de revenus et potentiellement obtenir des rendements plus élevés que les investissements traditionnels.

Sélection de plateforme : Lisa choisit une plateforme de prêt P2P réputée, connue pour son processus strict de vérification des emprunteurs et ses listes de prêts transparentes.

Stratégie d'investissement : Lisa diversifie son investissement en finançant de petits montants dans plusieurs prêts dans différentes catégories de risque, y compris des prêts à la consommation pour la consolidation de dettes et l'amélioration de l'habitat.

Rendements : sur une période d'un an, Lisa obtient un rendement moyen de 7 % sur ses investissements de prêt P2P, recevant des paiements d'intérêts mensuels et des remboursements occasionnels du principal.

Gestion des risques : Lisa surveille régulièrement son portefeuille de prêts via le tableau de bord des investisseurs de la plateforme, évaluant le comportement de remboursement de l'emprunteur et ajustant sa stratégie d'investissement en fonction des mesures de performance.

Étude de cas 2 : Prêts aux petites entreprises

Profil d'investisseur : Mark, un entrepreneur de 50 ans, cherche à soutenir les petites entreprises et à gagner un revenu passif grâce aux prêts P2P.

Sélection de plateforme : Mark choisit une plateforme de prêt P2P spécialisée dans les prêts aux petites entreprises, offrant des opportunités d'investir dans des prêts pour l'expansion des stocks et le fonds de roulement.

Stratégie d'investissement : Mark se concentre sur le financement de prêts à de petites entreprises établies avec de solides flux de revenus et des flux de trésorerie positifs. Il diversifie ses investissements dans plusieurs secteurs pour atténuer les risques spécifiques à chaque secteur.

Rendements : Mark obtient un rendement moyen de 9 % par an sur son portefeuille de prêts aux petites entreprises, recevant des paiements d'intérêts trimestriels et des remboursements de capital qui contribuent à son flux de revenus passifs.

Impact social : En investissant dans des prêts aux petites entreprises, Mark contribue à la création d'emplois, à la croissance économique et au développement entrepreneurial au sein de sa communauté.

Les prêts peer-to-peer présentent une opportunité intéressante pour les investisseurs cherchant à diversifier leurs portefeuilles et à générer des revenus passifs grâce à des prêts directs aux particuliers et aux entreprises. En comprenant les avantages, les risques et les stratégies associés aux prêts P2P, les investisseurs peuvent prendre des décisions éclairées et gérer efficacement leurs investissements dans cette classe d'actifs en évolution.

Que vous soyez un investisseur conservateur recherchant des rendements stables ou un investisseur plus agressif cherchant à maximiser les rendements, les plateformes de prêt P2P offrent flexibilité et accessibilité pour répondre à diverses préférences d'investissement. En mettant en œuvre de bonnes pratiques d'investissement, en effectuant une diligence raisonnable approfondie et en restant informé des tendances du marché et des évolutions réglementaires, vous pouvez exploiter le potentiel des prêts P2P pour créer de multiples sources de revenus et œuvrer pour atteindre la liberté financière.

Chapitre 4 : Création d'un cours en ligne

Créer et vendre des cours en ligne est devenu un moyen populaire de générer des revenus passifs et de partager des connaissances précieuses avec un public mondial. Ce chapitre explore les étapes impliquées dans la création d'un cours en ligne, les stratégies de réussite, les plateformes d'hébergement de cours, les techniques de marketing et des exemples concrets de créateurs de cours à succès.

Introduction aux cours en ligne

Les cours en ligne offrent un moyen évolutif de monétiser votre expertise en regroupant des connaissances, des compétences ou des expériences spécialisées dans des modules d'apprentissage structurés. Que vous soyez un expert en affaires, en technologie, en arts ou en développement personnel, la création d'un cours en ligne vous permet d'atteindre des apprenants du monde entier et de gagner un revenu passif au fil du temps.

Pourquoi créer un cours en ligne ?

1. **Évolutivité** : une fois créé, un cours en ligne peut être vendu à un nombre illimité d'étudiants sans effort supplémentaire, ce qui le rend hautement évolutif par rapport aux services d'enseignement ou de conseil traditionnels.

2. **Revenu passif** : les cours peuvent générer des revenus passifs grâce à des ventes ponctuelles, des abonnements ou des adhésions, vous permettant de gagner de l'argent pendant que vous dormez ou de vous concentrer sur d'autres projets.

3. **Portée mondiale** : Internet vous permet d'atteindre un public mondial d'apprenants qui recherchent des connaissances ou des

compétences spécifiques que vous pouvez transmettre dans le cadre de votre cours.

4. **Statut d'expert** : la création et l'enseignement d'un cours en ligne font de vous une autorité dans votre domaine, renforçant votre crédibilité et ouvrant des opportunités supplémentaires de allocutions, de conseil ou de partenariats.

Étapes pour créer un cours en ligne

1. Identifiez votre expertise et votre public

Définissez votre domaine d'expertise et votre public cible. Tenez compte de vos compétences, connaissances et expériences que vous pouvez enseigner efficacement aux autres. Réalisez des études de marché pour identifier la demande pour votre sujet de cours et comprendre les besoins et les préférences de vos étudiants potentiels.

2. Définir les objectifs d'apprentissage

Décrivez des objectifs d'apprentissage clairs pour votre cours. Que voulez-vous que les étudiants apprennent ou réalisent en complétant votre cours ? Décomposez votre contenu en modules ou leçons qui abordent des résultats d'apprentissage spécifiques et construisez une progression logique de compétences ou de connaissances.

3. Planifiez le contenu de votre cours

Développez un contenu de cours complet qui correspond à vos objectifs d'apprentissage. Créez des conférences, des présentations, des vidéos, des quiz, des devoirs et du matériel supplémentaire attrayants tels que des lectures ou des études de cas. Organisez votre contenu en modules structurés avec des titres et des résultats d'apprentissage clairs.

4. Choisissez un format de cours

Sélectionnez un format approprié pour diffuser le contenu de votre cours, tel que des conférences vidéo, des diaporamas, des screencasts ou des modules interactifs. Choisissez les formats qui correspondent le mieux à votre style d'enseignement et transmettent efficacement les informations à vos étudiants.

5. Créer ou organiser du matériel de cours

Produisez du matériel de cours de haute qualité ou organisez des ressources existantes qui enrichissent votre contenu. Investissez dans du matériel professionnel pour l'enregistrement vidéo et audio, si nécessaire, afin de garantir une prestation claire et engageante de vos cours.

6. Sélectionnez une plate-forme pour héberger votre cours

Choisissez une plateforme d'apprentissage en ligne ou un système de gestion de l'apprentissage (LMS) pour héberger et dispenser votre cours.

Les plateformes populaires incluent Udemy, Teachable, Thinkific et Coursera. Tenez compte de facteurs tels que le prix, la facilité d'utilisation, les outils marketing et la prise en charge des fonctionnalités d'engagement des étudiants telles que les quiz et les forums de discussion.

7. Produisez le contenu de votre cours

Enregistrez des conférences vidéo, créez des diaporamas et développez des éléments interactifs pour améliorer l'engagement des étudiants. Modifiez votre contenu pour garantir la clarté, la cohérence et la qualité professionnelle. Incorporez des visuels, des exemples et des exercices pratiques pour renforcer l'apprentissage.

8. Définir les options de tarification et d'inscription

Déterminez la stratégie tarifaire de votre cours, qu'il s'agisse de frais uniques, d'un modèle d'abonnement ou d'un site d'adhésion avec un accès continu au nouveau contenu. Proposez des remises promotionnelles ou des essais gratuits pour attirer les premiers étudiants et recueillir des commentaires.

9. Mettre en œuvre des stratégies de marketing

Faites la promotion de votre cours via des canaux de marketing numérique tels que les réseaux sociaux, les newsletters par courrier électronique, les blogs et la publicité payante. Tirez parti des techniques de référencement pour optimiser la page de destination de votre cours pour les moteurs de recherche et attirer du trafic organique.

10. Lancement et surveillance des performances

Lancez votre cours et surveillez ses performances à l'aide des analyses fournies par la plateforme de votre choix. Suivez les inscriptions des étudiants, les mesures d'engagement, les taux d'achèvement et les commentaires pour améliorer continuellement le contenu de vos cours et vos stratégies marketing.

Stratégies pour des cours en ligne réussis

1. Concentrez-vous sur l'engagement des étudiants

Créez des expériences d'apprentissage interactives et engageantes grâce à des quiz, des devoirs, des forums de discussion et des sessions de questions-réponses en direct. Encourager la participation des étudiants et favoriser un sentiment de communauté parmi les apprenants.

2. Fournir un contenu de valeur

Proposez un contenu précieux, exploitable et adapté aux besoins de vos étudiants. Relevez les défis communs, proposez des solutions pratiques et partagez des exemples concrets ou des études de cas pour illustrer les concepts clés.

3. Proposez des ressources supplémentaires

Complétez le contenu de votre cours de base avec du matériel bonus, des ressources téléchargeables, des lectures recommandées et un accès à des webinaires ou des ateliers exclusifs. Fournir une valeur continue pour encourager la rétention et la fidélité des étudiants.

4. Construisez votre marque

Établissez une identité personnelle ou de marque forte qui trouve un écho auprès de votre public cible. Développez un site Web de cours professionnel ou une page de destination qui reflète votre expertise et présente les témoignages, les références et les réussites d'anciens étudiants.

5. S'engager dans l'amélioration continue

Recueillez les commentaires des étudiants au moyen d'enquêtes, de critiques et d'évaluations de cours. Utilisez des critiques constructives pour affiner le contenu de votre cours, mettre à jour le matériel obsolète et vous adapter à l'évolution des tendances du secteur ou aux préférences des étudiants.

Plateformes d'hébergement de cours en ligne

1. Udemy

Udemy est l'une des plus grandes plateformes d'apprentissage en ligne, proposant un large éventail de cours sur divers sujets. Il fournit des outils pour la création de cours, un support marketing et l'accès à une base d'étudiants mondiale. Udemy gère le traitement des paiements et l'hébergement, en prenant un pourcentage des ventes de cours sous forme de commission.

2. Enseignable

Teachable permet aux instructeurs de créer et de personnaliser facilement leurs cours en ligne. Il offre des fonctionnalités telles que le traitement intégré des paiements, l'analyse des cours, les outils de gestion des étudiants et la possibilité de créer des pages de vente et des coupons promotionnels. Teachable facture des frais mensuels ou prend un pourcentage des ventes de cours, selon le plan tarifaire.

3. Réfléchi

Thinkific fournit une plateforme conviviale pour créer, commercialiser et vendre des cours en ligne. Il propose des modèles de cours personnalisables, une prise en charge du contenu multimédia, des fonctionnalités d'engagement des étudiants et des intégrations avec des outils de marketing par e-mail et des passerelles de paiement. Thinkific facture des frais mensuels, sans frais de transaction sur les ventes de cours.

4. Coursera

Coursera s'associe à des universités et des établissements d'enseignement pour proposer des cours en ligne, des spécialisations et des programmes d'études. Il met l'accent sur la rigueur académique et propose des cours dans diverses disciplines, notamment les affaires, la technologie et la santé. Coursera fournit des certificats à la fin du cours et facture l'inscription aux étudiants, partageant ainsi les revenus avec les créateurs de cours.

Commercialiser votre cours en ligne

1. Marketing de contenu

Créez des articles de blog, des vidéos et des infographies liés au sujet de votre cours pour attircr des étudiants potentiels grâce au trafic de recherche organique. Partagez des informations, des conseils et des études de cas précieux qui démontrent votre expertise et faites la promotion de votre cours comme une solution aux défis des apprenants.

2. Promotion des médias sociaux

Utilisez les plateformes de médias sociaux comme Facebook, Twitter, LinkedIn et Instagram pour promouvoir le contenu de votre cours, interagir avec vos abonnés et créer une communauté autour de votre expertise. Partagez des témoignages, des mises à jour de cours et des offres promotionnelles pour encourager les inscriptions.

3. Campagnes de marketing par e-mail

Créez une liste de diffusion de prospects intéressés et envoyez des campagnes ciblées faisant la promotion du lancement de votre cours, de promotions spéciales ou de mises à jour. Utilisez des lignes d'objet convaincantes, du contenu personnalisé et des incitations à l'action claires pour générer des conversions et augmenter les inscriptions.

4. Publicité payante

Investissez dans des campagnes publicitaires payantes sur des plateformes telles que Google Ads ou Facebook Ads pour toucher un public plus large d'étudiants potentiels. Ciblez des données démographiques, des intérêts et des emplacements géographiques spécifiques pour maximiser l'efficacité des publicités et générer des prospects qualifiés pour votre cours.

5. Collaborations et partenariats

Collaborez avec des influenceurs, des experts du secteur ou des entreprises complémentaires pour élargir la portée de vos cours grâce à des promotions conjointes, des blogs invités ou des webinaires co-organisés. S'associer à des sources crédibles peut améliorer la crédibilité de votre cours et attirer de nouveaux étudiants.

Études de cas sur la création de cours en ligne

Étude de cas 1 : Cours de littératie financière

Profil d'instructeur : John, un planificateur financier certifié, crée un cours en ligne sur les finances personnelles et l'investissement pour sensibiliser les individus à la gestion efficace de leur argent et à la création de patrimoine.

Développement de cours : John décrit les sujets financiers de base, tels que la budgétisation, l'épargne, l'investissement et la planification de la retraite, dans des modules structurés avec des exercices pratiques et des exemples réels.

Sélection de plateforme : John choisit Teachable pour héberger son cours, en tirant parti de ses fonctionnalités de personnalisation et de ses outils marketing pour attirer les étudiants intéressés à améliorer leurs connaissances financières.

Stratégie marketing : John fait la promotion de son cours via des publicités Facebook ciblées, des publications LinkedIn et des contributions de blogs invités sur des sites Web de planification financière. Il propose un webinaire d'introduction gratuit pour attirer des étudiants potentiels et collecter des pistes par courrier électronique pour de futures campagnes marketing.

Engagement des étudiants : John comprend des quiz interactifs, des ressources téléchargeables et des sessions de questions-réponses en direct pour améliorer l'engagement des étudiants et encourager leur participation active au cours.

Résultats : En six mois, le cours de John attire plus de 500 inscriptions, générant des revenus passifs importants grâce à la vente de cours et aux abonnements récurrents. Les témoignages positifs d'étudiants et les références de bouche à oreille stimulent encore davantage les inscriptions et font de John une autorité de confiance en matière d'éducation financière.

Étude de cas 2 : Cours Bootcamp sur le codage

Profil d'instructeur : Sarah, ingénieur logiciel avec des années d'expérience dans l'industrie, développe un bootcamp de codage en ligne pour enseigner aux débutants comment coder et se préparer aux emplois de programmation d'entrée de gamme.

Structure du cours : Sarah conçoit un programme complet couvrant les langages de programmation, le développement Web, les algorithmes et les principes du génie logiciel. Elle décompose des sujets complexes en leçons compréhensibles avec des exercices et des projets pratiques de codage.

Platform Choice : Sarah s'associe à Udemy pour organiser son bootcamp de codage, tirant parti de sa portée mondiale et de ses ressources promotionnelles pour atteindre les aspirants programmeurs du monde entier.

Approche marketing : Sarah crée des didacticiels YouTube et des vidéos de défis de codage pour attirer les programmeurs en herbe vers son cours Udemy. Elle partage son propre parcours professionnel et les réussites d'étudiants qui ont décroché un emploi après avoir terminé son bootcamp.

Création de communauté : Sarah favorise une communauté en ligne solidaire via des forums, des chaînes Slack et des rencontres virtuelles où les étudiants peuvent collaborer, poser des questions et partager des conseils de codage.

Résultats : le bootcamp de codage de Sarah gagne rapidement du terrain, attirant des centaines d'étudiants dès le premier mois. Les avis positifs et les recommandations sur Udemy contribuent à augmenter les inscriptions, tandis que Sarah continue de mettre à jour le contenu des cours pour refléter les dernières tendances et technologies du secteur.

La création d'un cours en ligne offre une excellente opportunité de générer des revenus passifs tout en partageant des connaissances et des compétences précieuses avec un public mondial. En suivant les étapes décrites dans ce chapitre (identifier votre expertise, planifier le contenu de votre cours, sélectionner la bonne plateforme, mettre en œuvre des stratégies marketing efficaces et améliorer continuellement votre cours), vous pouvez créer une entreprise d'enseignement en ligne prospère.

Chapitre 5 : Écrire et vendre des livres électroniques

Écrire et vendre des livres électroniques est un moyen polyvalent et accessible de générer des revenus passifs en partageant vos connaissances, vos histoires ou votre expertise avec des lecteurs du monde entier. Ce chapitre explore le processus d'écriture et de publication de livres électroniques, les stratégies de maximisation des ventes, les plateformes de distribution, les techniques de marketing et les études de cas d'auteurs de livres électroniques à succès.

Introduction aux livres électroniques

Les livres électroniques ont révolutionné le secteur de l'édition, permettant aux auteurs de contourner les éditeurs traditionnels et de distribuer leur travail directement aux lecteurs via des plateformes numériques. Que vous soyez un écrivain chevronné, un expert en la matière ou un conteur, la création de livres électroniques vous permet de gagner des redevances sur chaque vente et de créer un flux de revenus passif au fil du temps.

Pourquoi écrire et vendre des livres électroniques ?

1. **Faible barrière à l'entrée** : toute personne possédant des compétences rédactionnelles et un contenu précieux peut publier un livre électronique sans avoir besoin d'un agent littéraire ou d'un contrat d'édition traditionnel.

2. **Portée mondiale** : les livres électroniques peuvent atteindre un public mondial de lecteurs via les marchés et les plateformes en ligne, maximisant ainsi votre potentiel de ventes.

3. **Revenu passif** : une fois publiés, les livres électroniques continuent de générer des

revenus grâce à des ventes continues, fournissant ainsi une source de revenus passifs.

4. **Contrôle créatif** : les auteurs conservent un contrôle total sur le contenu, les prix et les droits de distribution, ce qui permet une flexibilité dans les stratégies de marketing et de promotion.

Étapes pour écrire et vendre des livres électroniques

1. Choisissez un sujet et définissez votre public

Identifiez un sujet de niche ou un domaine qui correspond à votre expertise, vos intérêts ou les besoins de votre public. Réalisez une étude de marché pour valider la demande et identifier les lecteurs potentiels qui bénéficieraient de votre eBook.

2. Décrivez le contenu de votre livre électronique

Créez un plan détaillé décrivant la structure et les chapitres de votre eBook. Définissez les thèmes, concepts ou leçons clés que vous souhaitez aborder et organisez-les logiquement pour guider les lecteurs à travers le contenu.

3. Rédigez un contenu convaincant

Commencez à rédiger le contenu de votre livre électronique en vous basant sur le plan. Concentrez-vous sur la fourniture d'informations, d'idées ou de divertissements précieux qui engagent les lecteurs et répondent à leurs attentes. Maintenez un style d'écriture clair et engageant pour garder les lecteurs intéressés du début à la fin.

4. Modifier et réviser

Révisez et modifiez votre eBook pour plus de clarté, de cohérence et d'exactitude. Assurez-vous d'une grammaire, d'une ponctuation et d'une mise en forme appropriées pour améliorer la lisibilité. Pensez à embaucher un éditeur professionnel ou à utiliser des outils d'édition pour peaufiner votre manuscrit avant sa publication.

5. Concevez la couverture et la mise en page de votre livre électronique

Créez une couverture de livre électronique accrocheuse qui attire les lecteurs potentiels et reflète le contenu et le thème de votre livre. Concevez une mise en page professionnelle pour les pages intérieures, comprenant des titres de chapitre, des polices et des éléments graphiques qui améliorent la lisibilité et l'attrait visuel.

6. Formatez votre eBook pour la publication

Convertissez votre manuscrit dans des formats de livres électroniques populaires tels que ePub, MOBI ou PDF, selon les plateformes de publication que vous comptez utiliser. Assurer la compatibilité avec les liseuses électroniques, les tablettes et les appareils mobiles pour maximiser l'accessibilité pour les lecteurs.

7. Choisissez les plateformes de publication

Sélectionnez les plateformes de publication de livres électroniques sur lesquelles vous pouvez distribuer et vendre votre eBook. Les options populaires incluent Amazon Kindle Direct Publishing (KDP), Apple Books, Barnes & Noble Press et Smashwords. Évaluez les taux de redevances, la portée de distribution et les outils marketing de chaque plateforme pour prendre une décision éclairée.

8. Définir les options de tarification et de distribution

Déterminez la stratégie de tarification de votre livre électronique, en tenant compte de facteurs tels que la concurrence sur le marché, la longueur du livre et les attentes des lecteurs. Choisissez entre des options de distribution exclusives et non exclusives sur des plateformes comme KDP Select, qui offre des opportunités promotionnelles supplémentaires en échange d'exclusivité.

9. Publiez votre eBook

Téléchargez vos fichiers eBook, votre image de couverture et vos métadonnées sur la plateforme de publication de votre choix. Remplissez les champs obligatoires pour le titre du livre, la description, les catégories et les mots-clés pour optimiser la découvrabilité et attirer des lecteurs potentiels.

10. Mettre en œuvre le marketing et la promotion

Développez un plan marketing pour promouvoir votre eBook et attirer des lecteurs. Utilisez les canaux de marketing numérique tels que les médias sociaux, les newsletters par courrier électronique, les sites Web d'auteurs et les sites Web de promotion de livres pour atteindre votre public cible. Proposez des remises promotionnelles, des aperçus gratuits ou des offres à durée limitée pour générer des ventes initiales et recueillir les avis des lecteurs.

Stratégies pour des ventes réussies de livres électroniques

1. Créez une plate-forme d'auteur

Établissez une présence en ligne en tant qu'auteur via un site Web dédié, un blog ou des profils de réseaux sociaux. Partagez du contenu lié au sujet de votre eBook, interagissez avec les lecteurs et créez une communauté de followers intéressés par votre travail.

2. Tirez parti d'Amazon KDP Select

Inscrivez votre eBook au programme KDP Select d'Amazon pour accéder à des outils promotionnels tels que les offres Kindle Countdown et les promotions de livres gratuits. Ces fonctionnalités peuvent augmenter la visibilité, attirer de nouveaux lecteurs et améliorer le classement des ventes sur la boutique Kindle.

3. Recueillir les avis des lecteurs

Encouragez les lecteurs à laisser des critiques et des notes honnêtes pour votre eBook sur des plateformes de vente au détail comme Amazon et Goodreads. Les avis positifs renforcent la crédibilité et influencent les décisions d'achat des acheteurs potentiels, entraînant ainsi une augmentation des ventes et de la visibilité.

4. Collaborez avec des influenceurs

Associez-vous à des blogueurs, des podcasteurs ou des influenceurs de votre niche pour promouvoir votre eBook auprès de leur public. Offrez des exemplaires gratuits pour révision ou des opportunités d'entretien pour atteindre de nouveaux lecteurs et étendre la portée de votre livre grâce à des recommandations fiables.

5. Créer du contenu supplémentaire

Développez du contenu supplémentaire lié à votre eBook, tel que des chapitres bonus, des feuilles de travail ou des didacticiels vidéo, pour offrir une valeur ajoutée aux lecteurs. Offrez ces ressources comme incitations à acheter votre livre électronique ou à vous abonner à la newsletter de votre auteur.

Plateformes de vente de livres électroniques

1. Publication directe Amazon Kindle (KDP)

Amazon KDP est le plus grand détaillant de livres électroniques, offrant aux auteurs un accès à des millions de lecteurs dans le monde via la boutique Kindle. KDP fournit des outils pour la création, la publication et le marketing de livres électroniques, permettant aux auteurs de gagner jusqu'à 70 % de redevances sur les ventes.

2. Livres Apple

Apple Books fournit une plate-forme permettant aux auteurs de vendre des livres électroniques au public mondial d'utilisateurs iOS d'Apple. Les auteurs peuvent utiliser l'application Books Author ou soumettre des livres électroniques directement via le portail iTunes Connect, gagnant ainsi des redevances compétitives sur chaque vente.

3. Presse Barnes & Noble

Barnes & Noble Press permet aux auteurs d'auto-publier des livres électroniques et d'imprimer des livres pour les distribuer via la boutique en ligne et les points de vente de Barnes & Noble. Les auteurs conservent le contrôle des prix, des redevances et des opportunités promotionnelles pour atteindre les lecteurs.

4. Mots fracassants

Smashwords propose une plate-forme de distribution de livres électroniques auprès de

plusieurs détaillants, notamment Barnes &
Noble, Apple Books et Kobo. Les auteurs
peuvent télécharger leurs livres électroniques
dans différents formats et définir des prix
globaux, gagnant jusqu'à 85 % de redevances sur
les ventes directes via la boutique de
Smashwords.

Commercialiser votre eBook

1. Marketing de contenu

Créez des articles de blog, des articles ou des
articles d'invités liés au sujet de votre eBook
pour attirer du trafic organique et établir votre
autorité en tant qu'auteur. Incluez des liens vers
la page de vente de votre eBook ou proposez des
exemples de chapitres gratuits pour encourager
les lecteurs à acheter le livre électronique
complet.

2. Campagnes de marketing par e-mail

Créez une liste de diffusion de lecteurs intéressés et envoyez des campagnes ciblées faisant la promotion du lancement de votre eBook, de promotions spéciales ou de contenu exclusif. Utilisez des lignes d'objet convaincantes et des messages personnalisés pour encourager les abonnés à cliquer et à effectuer un achat.

3. Promotion des médias sociaux

Partagez des graphiques, des citations ou des extraits visuellement attrayants de votre eBook sur les plateformes de médias sociaux comme Facebook, Twitter et Instagram. Utilisez des hashtags pertinents, interagissez avec vos abonnés et lancez des campagnes publicitaires payantes pour atteindre un public plus large de lecteurs potentiels.

4. Événements de lancement de livre

Organisez des événements de lancement de livre virtuels ou en personne, des webinaires ou des séances de questions-réponses avec les auteurs pour générer du buzz et de l'enthousiasme autour de la sortie de votre livre électronique. Offrez des copies signées, des bonus exclusifs ou des remises à durée limitée aux participants pour les inciter à acheter immédiatement.

5. Site Web et blog de l'auteur

Créez un site Web ou un blog d'auteur professionnel pour présenter votre eBook, partager des informations en coulisses et vous connecter avec les lecteurs. Optimisez votre site Web pour les moteurs de recherche avec des mots-clés pertinents et incluez des liens directs pour acheter votre eBook sur les plateformes de vente au détail.

Études de cas

Étude de cas 1 : livre électronique d'auto-assistance

Profil de l'auteur : Emma, coach de vie et conférencière motivatrice, écrit un livre électronique intitulé "Atteignez vos objectifs : le guide ultime de la réussite personnelle".

Développement de contenu : Emma présente des stratégies pratiques, des exercices et des conseils de motivation pour aider les lecteurs à définir et à atteindre leurs objectifs, à améliorer leur autodiscipline et à surmonter les obstacles.

Choix de plateforme : Emma publie son eBook via Amazon KDP pour tirer parti de sa portée mondiale et de ses outils promotionnels. Elle choisit une distribution non exclusive pour vendre son eBook sur plusieurs plateformes et maximiser le potentiel de vente.

Stratégie marketing : Emma fait la promotion de son eBook via des campagnes sur les réseaux sociaux, des articles de blog invités sur des sites Web de développement personnel et des publicités Facebook ciblées. Elle propose une feuille de travail de définition d'objectifs téléchargeable gratuitement comme aimant principal pour attirer des lecteurs potentiels vers sa liste de diffusion.

Résultats : En trois mois, le livre électronique d'Emma atteint le statut de best-seller dans la catégorie d'auto-assistance sur Amazon, générant des redevances constantes sur les ventes de livres électroniques et les critiques positives des lecteurs. Emma développe sa marque en tant qu'experte en motivation et reçoit des invitations à des allocutions et à des séances de coaching.

Étude de cas 2 : eBook de recettes

Profil de l'auteur : Michael, chef professionnel et blogueur culinaire, crée un livre électronique intitulé "Repas rapides et sains : 50 recettes faciles pour les familles occupées".

Création de contenu : Michael compile une collection de recettes nutritives et faciles à préparer, adaptées aux parents occupés et aux personnes cherchant à manger des repas sains à la maison.

Canal de distribution : Michael publie son eBook à la fois sur Amazon KDP et sur son blog personnel à l'aide de WooCommerce. Il propose du contenu bonus exclusif, tel que des didacticiels vidéo et des listes de courses, pour encourager les achats directement depuis son site Web.

Approche marketing : Michael fait la promotion de son eBook à travers des vidéos de recettes sur YouTube, des photographies culinaires sur Instagram et des collaborations avec des influenceurs culinaires. Il organise des démonstrations de cuisine virtuelles et propose des exemplaires signés de son eBook aux gagnants du concours et aux abonnés fidèles.

Succès : le livre électronique de Michael reçoit des critiques et des recommandations positives de la part d'influenceurs culinaires et de blogueurs spécialisés dans la santé, ce qui stimule les ventes et augmente le trafic et la base d'abonnés de son blog. Il monétise son expertise grâce à du contenu sponsorisé, des cours de cuisine et des partenariats de marketing d'affiliation.

Écrire et vendre des livres électroniques est une entreprise enrichissante qui permet aux auteurs de partager leurs connaissances, leurs histoires ou leur expertise tout en gagnant un revenu passif. En suivant les étapes décrites dans ce chapitre (choisir un sujet intéressant, rédiger un contenu attrayant, formater pour la publication et commercialiser efficacement votre eBook), vous pouvez établir un flux de revenus passifs durables et atteindre un public mondial de lecteurs intéressés par votre niche.

Chapitre 6 : Marketing d'affiliation

Le marketing d'affiliation est une stratégie puissante pour générer des revenus passifs en faisant la promotion des produits ou services d'autres personnes et en gagnant une commission sur chaque vente ou prospect généré grâce à votre référence. Ce chapitre explore les principes fondamentaux du marketing d'affiliation, comment démarrer, les stratégies efficaces pour réussir, le choix de programmes d'affiliation rentables et des études de cas de spécialistes du marketing d'affiliation à succès.

Introduction au marketing d'affiliation

Le marketing d'affiliation implique des partenariats avec des entreprises ou des particuliers (commerçants) qui proposent des programmes d'affiliation. En tant que spécialiste du marketing affilié, vous faites la promotion de leurs produits ou services auprès de votre public via divers canaux de marketing, tels que des sites Web, des blogs, des réseaux sociaux, des newsletters par courrier électronique et des vidéos YouTube. Lorsque quelqu'un effectue un achat ou effectue une action souhaitée (comme l'inscription à une newsletter) via votre lien d'affiliation unique, vous gagnez une commission.

Pourquoi choisir le marketing d'affiliation ?

1. **Faibles coûts de démarrage** : vous pouvez démarrer le marketing d'affiliation avec un investissement minimal. Il n'est pas nécessaire de créer vos propres produits ou services, de gérer le support client ou de gérer les stocks.

2. **Potentiel de revenus passifs** : une fois configurés, les liens d'affiliation peuvent générer

des revenus de manière passive tant qu'ils
continuent à générer des conversions et des
ventes.

3. **Évolutivité** : le marketing d'affiliation
vous permet d'augmenter vos revenus en faisant
la promotion de plusieurs produits dans
différentes niches et en élargissant la portée de
votre audience.

4. **Flexibilité** : vous avez la possibilité de
choisir des produits ou des services qui
correspondent à vos intérêts, votre expertise et
les préférences de votre public.

Premiers pas avec le marketing d'affiliation

1. Choisissez votre créneau

Sélectionnez un créneau ou un domaine qui vous
intéresse et correspond à votre expertise. Tenez
compte des besoins, des préférences et du
comportement d'achat de votre public cible pour

identifier les opportunités d'affiliation rentables dans ce créneau.

2. Programmes d'affiliation de recherche

Explorez les réseaux d'affiliation et les commerçants individuels qui proposent des produits ou des services pertinents pour votre niche. Tenez compte de facteurs tels que les taux de commission, la durée des cookies (la période pendant laquelle vous gagnez des commissions sur l'achat d'un client), les conditions de paiement et l'assistance des affiliés.

3. Construisez votre plateforme

Créez une plate-forme sur laquelle vous ferez la promotion de produits d'affiliation, tels qu'un blog, un site Web, une chaîne YouTube, des profils de réseaux sociaux ou une newsletter par courrier électronique. Optimisez votre plateforme pour le référencement afin d'attirer du trafic organique et de créer une audience fidèle intéressée par votre contenu.

4. Créez du contenu de haute qualité

Produisez du contenu précieux et pertinent qui éduque, divertit ou résout les problèmes de votre public. Incorporez naturellement des liens d'affiliation dans votre contenu, tels que des critiques de produits, des didacticiels, des guides de comparaison ou des recommandations.

5. Divulguez vos relations d'affiliation

Adhérez aux directives éthiques et aux exigences légales en divulguant clairement vos relations d'affiliation à votre public. La transparence renforce la confiance et la crédibilité, augmentant ainsi la probabilité de conversions.

Stratégies pour un marketing d'affiliation réussi

1. Marketing de contenu

Créez un contenu informatif et engageant qui répond aux problèmes de votre public et l'encourage à agir. Utilisez les meilleures pratiques de référencement pour optimiser votre contenu pour des mots-clés pertinents et attirer le trafic organique des moteurs de recherche.

2. Campagnes de marketing par e-mail

Créez une liste de diffusion d'abonnés intéressés par votre niche et envoyez des campagnes ciblées présentant des produits ou des services d'affiliation. Utilisez des appels à l'action (CTA) convaincants, des recommandations personnalisées et des offres exclusives pour générer des conversions.

3. Promotion des médias sociaux

Utilisez les plateformes de médias sociaux comme Facebook, Instagram, Twitter, LinkedIn et Pinterest pour promouvoir les produits d'affiliation auprès de vos abonnés. Partagez du contenu visuellement attrayant, des témoignages de clients et des remises promotionnelles pour encourager l'engagement et les clics sur vos liens d'affiliation.

4. Publicité payante

Investissez dans des canaux publicitaires payants tels que Google Ads, Facebook Ads ou des plateformes de publicité native pour toucher un public plus large et promouvoir les offres d'affiliation. Mettez en œuvre des campagnes publicitaires ciblées basées sur les données démographiques, les intérêts et le comportement d'achat pour maximiser le retour sur investissement.

5. Établissez des relations avec votre public

Interagissez avec votre public via des commentaires, des messages et des interactions sur les réseaux sociaux. Répondez à leurs questions, fournissez des conseils utiles et recommandez des produits d'affiliation pertinents en fonction de leurs besoins et de leurs préférences.

Choisir des programmes d'affiliation rentables

1. Taux de commission élevés

Sélectionnez des programmes d'affiliation qui offrent des taux de commission compétitifs par rapport au prix du produit. Recherchez des programmes avec des commissions récurrentes ou des structures à plusieurs niveaux qui récompensent les affiliés les plus performants.

2. Produits ou services de qualité

Faites la promotion de produits ou de services qui correspondent aux intérêts de votre public et offrent une véritable valeur. Choisissez des commerçants réputés connus pour offrir un excellent service client et maintenir des normes de qualité élevées.

3. Longue durée des cookies

Préférez les programmes d'affiliation avec des durées de cookies plus longues, vous permettant de gagner des commissions sur les futurs achats effectués par les clients que vous avez référés dans la fenêtre des cookies.

4. Assistance et ressources pour les affiliés

Collaborez avec des marchands qui offrent une assistance complète aux affiliés, y compris des supports marketing, des outils de suivi, des tableaux de bord d'affiliation et des gestionnaires d'affiliation dédiés pour vous aider à optimiser les campagnes et à suivre les performances.

Études de cas

Étude de cas 1 : Marketing d'affiliation de blogs de fitness

Marketeur d'affiliation : Emily, passionnée de fitness et blogueuse, monétise son blog grâce au marketing d'affiliation.

Niche : le blog d'Emily se concentre sur des conseils de remise en forme, des routines d'entraînement et un mode de vie sain.

Programmes d'affiliation : Emily s'associe à des fabricants d'équipements de fitness, à des sociétés de suppléments et à des cours de fitness en ligne.

Stratégie marketing : Emily crée des critiques approfondies de produits, des didacticiels d'entraînement présentant les équipements recommandés et des guides de nutrition avec des liens d'affiliation vers des produits pertinents. Elle fait la promotion des offres d'affiliation à travers ses articles de blog, ses newsletters par courrier électronique et ses plateformes de réseaux sociaux.

Résultats : Au fil du temps, Emily se construit une audience fidèle de passionnés de fitness qui font confiance à ses recommandations. Elle gagne un revenu passif grâce aux commissions d'affiliation sur les ventes d'équipements de fitness, les achats de suppléments et les inscriptions aux cours. Emily continue d'élargir ses partenariats d'affiliation et ses offres de contenu, augmentant ainsi ses revenus mensuels.

Étude de cas 2 : Chaîne YouTube technologique

Marketeur d'affiliation : James, passionné de technologie et YouTuber, monétise sa chaîne grâce au marketing d'affiliation.

Niche : James crée des critiques vidéo, des didacticiels et des comparaisons de gadgets technologiques.

Programmes d'affiliation : James s'associe à des détaillants d'électronique, des fournisseurs de logiciels et des marques d'accessoires technologiques.

Stratégie marketing : James intègre des liens d'affiliation dans ses descriptions vidéo, recommandant les produits présentés dans ses critiques et tutoriels. Il inclut les informations d'affiliation et met en évidence les caractéristiques du produit, les avantages et les options d'achat.

Résultats : la chaîne YouTube de James gagne en popularité auprès des passionnés de technologie, générant du trafic vers les pages de produits affiliés et générant des commissions sur les ventes. Il élargit sa bibliothèque de contenu avec des critiques sponsorisées et du contenu affilié, monétisant davantage sa chaîne et établissant des partenariats avec de grandes marques technologiques.

Le marketing d'affiliation offre une opportunité évolutive et lucrative de gagner un revenu passif en faisant la promotion de produits ou de services correspondant aux intérêts de votre public. En sélectionnant des programmes d'affiliation rentables, en créant un contenu de valeur et en mettant en œuvre des stratégies de marketing efficaces, vous pouvez créer une source de revenus durable en tant que spécialiste du marketing d'affiliation.

Chapitre 7 : Bloguer pour gagner un revenu

Les blogs sont passés d'un passe-temps à un modèle commercial viable qui permet aux individus de générer des revenus passifs en partageant du contenu de valeur, en fidélisant leur public et en monétisant via divers canaux. Ce chapitre aborde les principes fondamentaux du blogging pour générer des revenus, les stratégies de monétisation, les conseils de création de contenu, les meilleures pratiques de référencement et les études de cas de blogueurs à succès qui ont atteint la liberté financière grâce à leurs blogs.

Introduction aux blogs pour gagner des revenus

Bloguer pour gagner de l'argent implique la création et la maintenance d'un blog dont l'objectif principal est de gagner des revenus grâce à diverses méthodes de monétisation. Les blogueurs à succès tirent parti de leur expertise, de leurs passions et de leurs intérêts pour attirer un public ciblé, engager les lecteurs avec un contenu de valeur et monétiser leur blog via le marketing d'affiliation, la publicité display, les publications sponsorisées, les produits numériques, etc.

Pourquoi choisir les blogs pour gagner des revenus ?

1. **Flexibilité et liberté** : bloguer vous permet de travailler de n'importe où, de définir

votre propre emploi du temps et de poursuivre des sujets qui vous intéressent.

2. **Évolutivité** : à mesure que votre blog se développe, votre potentiel de gagner un revenu passif via plusieurs flux augmente également.

3. **Développez votre autorité** : établissez-vous en tant qu'autorité dans votre niche, attirez des opportunités de partenariats, de conférences et de collaborations.

4. **Diverses opportunités de monétisation** : gagnez des revenus grâce au marketing d'affiliation, à la publicité, au contenu sponsorisé, à la vente de produits numériques, à l'offre de cours en ligne, et bien plus encore.

Premiers pas avec les blogs

1. Choisissez votre niche de blog

Sélectionnez un créneau qui correspond à vos intérêts, votre expertise et la demande du marché. Recherchez les sujets d'actualité, la popularité des mots clés et les données démographiques du public pour identifier une niche rentable avec un potentiel de croissance.

2. Configurez votre blog

Enregistrez un nom de domaine qui reflète votre marque ou votre niche et choisissez un fournisseur d'hébergement Web fiable. Installez un système de gestion de contenu (CMS) tel que WordPress, Joomla ou Drupal pour gérer efficacement le contenu de votre blog.

3. Créez du contenu de haute qualité

Développer une stratégie de contenu basée sur la recherche de mots clés et les intérêts du public. Rédigez des articles de blog informatifs, attrayants et optimisés pour le référencement qui répondent aux questions des lecteurs, proposent des solutions ou divertissent votre public.

4. Construisez votre audience

Faites la promotion de votre blog via les plateformes de médias sociaux, les newsletters par courrier électronique, les publications d'invités et le réseautage avec des influenceurs de votre niche. Encouragez les lecteurs à s'abonner à votre blog et à interagir régulièrement avec votre contenu.

5. Optimiser pour le référencement

Mettez en œuvre des techniques de référencement sur page et hors page pour améliorer la visibilité de votre blog dans les résultats des moteurs de recherche. Utilisez des mots-clés pertinents, optimisez les balises méta, créez des backlinks et assurez-vous que votre site Web se charge rapidement sur tous les appareils.

Stratégies de monétisation pour les blogueurs

1. Marketing d'affiliation

Faites la promotion de produits ou de services d'affiliation pertinents pour votre niche et gagnez des commissions sur les ventes générées via vos liens d'affiliation. Rédigez des critiques de produits, des guides de comparaison et des didacticiels qui intègrent naturellement des liens d'affiliation dans votre contenu.

2. Afficher la publicité

Monétisez votre blog avec des annonces display via des réseaux publicitaires tels que Google AdSense, Media.net ou des ventes publicitaires directes. Placez les annonces de manière stratégique dans votre contenu ou votre barre latérale pour maximiser la visibilité et les taux de clics.

3. Publications et avis sponsorisés

Collaborez avec des marques et des entreprises pour publier du contenu sponsorisé ou des critiques de produits sur votre blog. Facturez des frais en fonction du trafic de votre blog, de l'engagement du public et de la portée de la campagne sponsorisée.

4. Vendre des produits numériques

Créez et vendez des produits numériques tels que des livres électroniques, des cours en ligne, des modèles ou des imprimables directement à votre public. Utilisez votre blog pour promouvoir et vendre ces produits, en tirant parti de votre autorité et de votre crédibilité dans votre niche.

5. Sites d'adhésion et abonnements

Offrez du contenu premium, des ressources exclusives ou un accès membre à une communauté privée via des modèles par abonnement. Facturez aux membres des frais récurrents pour accéder à du contenu ou des services spécialisés sur votre blog.

Conseils de création de contenu pour réussir votre blog

1. Développer un calendrier de contenu

Planifiez vos articles de blog à l'avance à l'aide d'un calendrier de contenu. Planifiez des publications en fonction des tendances saisonnières, des événements du secteur ou des opportunités de mots clés pour maintenir la cohérence et attirer des lecteurs réguliers.

2. Rédigez des titres convaincants

Créez des titres accrocheurs qui promettent de la valeur, suscitent la curiosité ou répondent aux besoins spécifiques des lecteurs. Utilisez des mots puissants, des chiffres et des déclencheurs émotionnels pour augmenter les taux de clics et l'engagement.

3. Utilisez le contenu visuel

Incorporez des images, des infographies, des vidéos et d'autres contenus visuels de haute qualité pour améliorer vos articles de blog et engager visuellement les lecteurs. Le contenu visuel peut augmenter la rétention et le partage de vos articles de blog.

4. Encouragez l'interaction des lecteurs

Encouragez les commentaires, les retours et les partages sociaux des lecteurs sur vos articles de blog. Répondez rapidement aux commentaires, favorisez les discussions et créez une communauté autour du contenu de votre blog.

5. Mettre à jour et actualiser le contenu Evergreen

Mettez à jour et actualisez régulièrement le contenu permanent pour le garder pertinent, précis et précieux pour votre public. Mettez à jour les statistiques, ajoutez de nouvelles informations et optimisez les tendances SEO actuelles pour maintenir la visibilité dans les résultats de recherche.

Meilleures pratiques de référencement pour les blogueurs

1. Recherche de mots clés

Identifiez les mots-clés et les termes de recherche pertinents à l'aide d'outils tels que Google Keyword Planner, SEMrush ou Ahrefs. Ciblez des mots-clés avec un volume de recherche modéré et une faible concurrence pour améliorer le potentiel de classement de votre blog.

2. SEO sur la page

Optimisez vos articles de blog pour le référencement en incluant des mots-clés cibles dans les balises de titre, les méta descriptions, les en-têtes et tout au long de votre contenu. Utilisez des URL descriptives, du texte alternatif pour les images et des liens internes pour améliorer la navigation et l'expérience utilisateur.

3. SEO hors page

Créez des backlinks de haute qualité à partir de sites Web et de blogs réputés dans votre niche pour améliorer l'autorité et le classement des domaines de votre blog. Participez à des blogs invités, à des collaborations avec des influenceurs et à la promotion sur les réseaux sociaux pour attirer des liens entrants.

4. Optimisation mobile

Assurez-vous que votre blog est adapté aux mobiles et réactif pour offrir une expérience utilisateur fluide sur les smartphones et les tablettes. Optimisez les temps de chargement des pages, réduisez les pop-ups et utilisez des polices et des mises en page adaptées aux mobiles.

5. Analyser et surveiller les performances

Utilisez des outils d'analyse tels que Google Analytics pour suivre et analyser les mesures de performances de votre blog, notamment les sources de trafic, le comportement des utilisateurs, les taux de conversion et les performances de référencement. Utilisez des informations basées sur les données pour optimiser votre stratégie de contenu et améliorer les performances globales de votre blog.

Bloguer pour générer des revenus offre une voie enrichissante vers la liberté financière grâce à des flux de revenus passifs. En créant un contenu de valeur, en mettant en œuvre des stratégies de monétisation efficaces, en optimisant le référencement et en interagissant avec votre public, vous pouvez créer un blog réussi qui génère des revenus durables au fil du temps.

Dans les prochains chapitres, nous explorerons d'autres sources de revenus passifs telles que la monétisation de YouTube, la création de sites d'adhésion et l'investissement dans des actions à dividendes. Chaque chapitre fournira des informations exploitables, des stratégies et des exemples concrets pour vous aider à diversifier vos sources de revenus et à atteindre l'indépendance financière grâce à un revenu passif.

Chapitre 8 : Créer une chaîne YouTube

YouTube est devenu une plate-forme puissante permettant aux créateurs de contenu d'atteindre un public mondial, de créer une communauté et de générer des revenus passifs grâce à diverses méthodes de monétisation. Ce chapitre explore les étapes essentielles pour démarrer et développer une chaîne YouTube réussie, les stratégies de monétisation, les conseils de création de contenu, les tactiques d'engagement du public et les études de cas de YouTubeurs qui ont atteint la liberté financière grâce à leurs chaînes.

Introduction à la création d'une chaîne YouTube

La création d'une chaîne YouTube implique la production et la publication de contenu vidéo sur YouTube dans le but d'attirer des téléspectateurs, des abonnés et de monétiser grâce aux revenus publicitaires, au contenu sponsorisé, aux ventes de marchandises, aux adhésions, etc. YouTube offre diverses opportunités aux créateurs de contenu pour gagner un revenu passif et établir une présence en ligne durable.

Pourquoi choisir YouTube pour un revenu passif ?

1. **Portée mondiale** : YouTube compte plus de 2 milliards d'utilisateurs connectés chaque mois, offrant aux créateurs l'accès à un vaste public mondial intéressé par diverses catégories de contenu.

2. **Options de monétisation** : les créateurs peuvent monétiser leurs chaînes via Google

AdSense, les parrainages de marques, les ventes de marchandises, les abonnements aux chaînes et les dons Super Chat lors des diffusions en direct.

3. **Diversité du contenu** : YouTube prend en charge divers formats de contenu, notamment des didacticiels, des vlogs, des critiques, du contenu éducatif, des divertissements et des diffusions en direct, répondant aux différentes préférences du public.

4. **Création de communauté** : les créateurs peuvent créer une base d'abonnés fidèles, interagir avec les téléspectateurs via des commentaires et des interactions en direct, et favoriser un sentiment de communauté autour de leur chaîne.

Premiers pas avec votre chaîne YouTube

1. Définissez la niche et l'audience de votre chaîne

Identifiez une niche ou un domaine qui correspond à vos intérêts, votre expertise et la demande de votre public. Recherchez des sujets d'actualité, la popularité des mots clés et une analyse des concurrents pour différencier votre chaîne et attirer un public ciblé.

2. Configurez votre chaîne YouTube

Créez un compte Google si vous n'en avez pas déjà un et configurez votre chaîne YouTube. Personnalisez l'image de marque de votre chaîne avec une photo de profil, une pochette et une description de chaîne qui reflètent votre niche de contenu et votre personnalité.

3. Planifiez votre stratégie de contenu

Développez une stratégie de contenu basée sur votre niche, les intérêts de votre public et les formats de contenu. Planifiez les sujets, les titres et les formats des vidéos (par exemple, des didacticiels, des critiques, des interviews, des vlogs) pour apporter de la valeur et engager les spectateurs de manière cohérente.

4. Équipez-vous des bons outils

Investissez dans des équipements essentiels tels qu'une caméra de qualité, un microphone, une configuration d'éclairage et un logiciel de montage vidéo pour produire des vidéos de qualité professionnelle. Envisagez des outils supplémentaires pour la diffusion en direct, la création graphique et le suivi analytique.

5. Créez un contenu vidéo convaincant

Produisez des vidéos de haute qualité qui captivent votre public et apportent de la valeur. Concentrez-vous sur la narration, l'attrait visuel et un son clair pour améliorer l'engagement et la fidélisation des spectateurs. Expérimentez avec la durée et les formats des vidéos pour déterminer ce qui résonne le mieux auprès de votre public.

Stratégies de monétisation pour les chaînes YouTube

1. Monétisation Google AdSense

Activez la monétisation sur votre chaîne YouTube et rejoignez le Programme Partenaire YouTube (YPP) pour afficher des publicités sur vos vidéos. Générez des revenus en fonction des impressions publicitaires, des clics et de l'engagement des spectateurs grâce aux annonces diffusées via Google AdSense.

2. Marketing d'affiliation sur YouTube

Faites la promotion des produits ou services d'affiliation dans vos vidéos en incluant des liens d'affiliation dans les descriptions des vidéos ou via des vidéos d'évaluation dédiées. Gagnez des commissions sur les achats effectués par les téléspectateurs qui cliquent sur vos liens d'affiliation.

3. Partenariats de marque et parrainages

Collaborez avec des marques et des annonceurs pour créer du contenu sponsorisé ou des placements de produits dans vos vidéos. Négociez les frais en fonction de la portée de votre chaîne, des mesures d'engagement et de la portée de la campagne sponsorisée.

4. Vendre des marchandises et des produits numériques

Lancez une boutique de marchandises sur YouTube à l'aide de la fonctionnalité Merchandise Shelf ou intégrez-la à des plateformes tierces telles que Teespring ou Spreadshop. Vendez des produits de marque, des produits numériques ou du contenu exclusif à votre public.

5. Abonnements aux chaînes et dons Super Chat

Proposez des abonnements à des chaînes avec des avantages exclusifs tels que des badges, des

emojis et du contenu réservé aux membres moyennant un abonnement mensuel.
Interagissez avec votre audience via Super Chat pendant les diffusions en direct, permettant ainsi aux spectateurs de donner de l'argent et de mettre en avant leurs messages.

Conseils de création de contenu pour réussir sur YouTube

1. Optimisez vos titres et miniatures vidéo

Créez des titres vidéo accrocheurs et concevez des miniatures convaincantes qui incitent les spectateurs à cliquer sur vos vidéos. Utilisez des mots-clés pertinents, des images convaincantes et des couleurs contrastées pour vous démarquer dans les résultats de recherche et les vidéos suggérées.

2. Engagez les téléspectateurs avec des intros convaincantes

Captez l'attention des spectateurs dès les premières secondes de votre vidéo avec une accroche ou un teaser convaincant. Indiquez clairement ce que votre vidéo offrira et pourquoi les spectateurs devraient continuer à la regarder afin de réduire les taux de perte d'audience.

3. Améliorer la qualité de la production vidéo

Faites attention à la qualité vidéo et audio pour maintenir l'engagement et le professionnalisme des spectateurs. Utilisez des techniques d'édition pour améliorer les visuels, incorporer des graphiques ou des superpositions de texte et optimiser la clarté audio pour une expérience visuelle agréable.

4. Encouragez l'interaction et les commentaires des spectateurs

Encouragez les spectateurs à aimer, commenter et partager vos vidéos pour augmenter les mesures d'engagement et améliorer la visibilité de la vidéo. Répondez aux commentaires des spectateurs, posez des questions et intégrez les commentaires des spectateurs dans les futures idées de vidéos afin de favoriser l'engagement de la communauté.

5. Cohérence et fréquence

Établissez un calendrier de mise en ligne cohérent pour maintenir l'engagement de votre audience et attirer de nouveaux abonnés. Équilibrez la qualité vidéo avec la fréquence pour maintenir la pertinence du contenu et l'anticipation du spectateur pour votre prochaine sortie vidéo.

Stratégies de croissance de l'audience et d'engagement

1. Faites la promotion de vos vidéos sur toutes les plateformes

Partagez vos vidéos YouTube sur les plateformes de réseaux sociaux, les blogs, les forums et les newsletters par courrier électronique pour élargir votre audience et générer du trafic vers votre chaîne. Utilisez des hashtags pertinents et interagissez avec les communautés intéressées par votre niche de contenu.

2. Collaborer avec d'autres créateurs

Collaborez avec d'autres YouTubers, influenceurs ou experts du secteur pour faire la promotion croisée des chaînes de chacun et atteindre de nouveaux publics. Participez à des collaborations, à des projets communs ou à des apparitions d'invités pour élargir la visibilité et la base d'abonnés de votre chaîne.

3. Analyser les indicateurs de performances

Utilisez YouTube Analytics pour suivre les indicateurs de performances clés tels que la durée de visionnage, la fidélisation de l'audience, les taux de clics et la croissance du nombre d'abonnés. Identifiez les tendances, comprenez le comportement des spectateurs et optimisez

votre stratégie de contenu en fonction
d'informations basées sur les données.

4. Engagez-vous avec votre communauté

Interagissez avec votre public via des diffusions
en direct, des publications dans la communauté,
des sessions de questions-réponses et des
sondages pour établir des relations et renforcer
les relations. Encouragez la participation des
téléspectateurs, répondez à leurs questions et
créez du contenu personnalisé en fonction des
préférences du public.

La création d'une chaîne YouTube réussie ouvre
la voie à la liberté financière grâce à des flux de
revenus passifs, à l'engagement du public et à la
monétisation du contenu. En développant une
stratégie de contenu, en optimisant le
référencement, en interagissant avec votre public
et en diversifiant les méthodes de monétisation,
vous pouvez créer une source de revenus durable
en tant que créateur de contenu YouTube.

Dans les prochains chapitres, nous explorerons d'autres sources de revenus passifs, telles que la création de sites d'adhésion, l'investissement dans des actions à dividendes et le lancement de produits numériques.

Chapitre 9 : Licence pour votre photographie

L'octroi d'une licence pour votre photographie est un moyen lucratif de générer des revenus passifs en vendant les droits d'utilisation de vos images à des entreprises, des éditeurs, des annonceurs et des particuliers. Ce chapitre explore les principes fondamentaux de l'octroi de licences pour la photographie, les stratégies permettant de maximiser les revenus, les plateformes de vente de vos photos, les considérations juridiques et les études de cas de photographes qui ont créé avec succès des flux de revenus passifs grâce à l'octroi de licences pour leur travail.

Introduction à l'octroi de licence pour votre photographie

L'octroi d'une licence pour la photographie implique d'accorder la permission à des tiers d'utiliser vos images en échange de frais ou de redevances. En tant que photographe, vous conservez les droits d'auteur sur vos photos tout en permettant aux clients de les utiliser à des fins spécifiques, telles que la publicité commerciale, le contenu éditorial, les sites Web ou un usage personnel. Les licences offrent une opportunité de revenus évolutive, vous permettant de gagner un revenu passif à partir de votre portefeuille d'images existant.

Pourquoi choisir d'accorder une licence à votre photographie ?

1. **Potentiel de revenus passifs** : gagnez des redevances ou des frais uniques à chaque fois

que votre photo sous licence est utilisée, générant ainsi des revenus continus sans effort continu.

2. **Liberté de création** : gardez le contrôle sur votre travail artistique tout en touchant un public plus large grâce à des accords de licence.

3. **Demande diversifiée du marché** : répondez à diverses industries et clients à la recherche d'images de haute qualité à des fins commerciales, éditoriales ou personnelles.

4. **Portée mondiale** : développez votre activité de photographie à l'international en octroyant des licences pour vos photos via des plateformes et des marchés en ligne.

Commencer à obtenir une licence pour votre photographie

1. Construisez un portefeuille de haute qualité

Créez un portefeuille d'images haute résolution éditées par des professionnels qui mettent en valeur vos compétences en photographie et votre style artistique. Organisez votre portefeuille en collections ou catégories thématiques pour faire appel aux différentes préférences des clients et aux besoins du secteur.

2. Comprendre les droits d'auteur et de licence

Familiarisez-vous avec les lois sur les droits d'auteur, les accords de licence et les droits de propriété intellectuelle liés à la photographie. Définissez clairement les droits d'utilisation, les conditions d'exclusivité et les frais de licence en fonction des normes du secteur et des exigences des clients.

3. Choisissez vos modèles de licence

Explorez différents modèles de licence, tels que des accords de licence libres de droits, avec droits gérés ou exclusifs, en fonction de vos objectifs commerciaux et des demandes de vos clients. Déterminez les structures tarifaires, les restrictions d'utilisation et les conditions de renouvellement pour chaque modèle de licence.

4. Identifiez les marchés cibles et les clients

Recherchez les marchés potentiels et les clients intéressés par l'octroi de licences pour la photographie, notamment les agences de publicité, les éditeurs, les entreprises, les graphistes et les créateurs de contenu en ligne. Adaptez vos efforts de marketing et vos présentations de portefeuille pour attirer des secteurs industriels spécifiques.

5. Utiliser les plateformes et les marchés en ligne

Collaborez avec des plateformes et des marchés en ligne spécialisés dans la photographie de stock et les licences d'images. Téléchargez vos photos sur des sites réputés tels que Shutterstock, Adobe Stock, Getty Images et

Alamy pour toucher un public mondial d'acheteurs potentiels.

Stratégies pour maximiser les revenus

1. Optimiser les mots clés et les métadonnées

Améliorez la visibilité de vos photos en optimisant les mots-clés, les titres et les descriptions avec des termes de recherche et des balises pertinents. Utilisez des métadonnées descriptives pour catégoriser vos images et améliorer la visibilité dans les résultats de recherche sur les plateformes de licences.

2. Proposez diverses licences d'images

Proposez des options de licence flexibles pour répondre aux différents besoins des clients, notamment l'utilisation commerciale, les publications éditoriales, l'utilisation du Web, les documents imprimés et les droits exclusifs. Personnalisez les contrats de licence en fonction de la durée d'utilisation, de la répartition géographique et de la taille du tirage.

3. Créez du contenu et des collections exclusifs

Développez des collections de photos exclusives ou des portfolios thématiques adaptés aux tendances spécifiques du secteur, aux événements saisonniers ou aux marchés de niche. Positionnez votre contenu exclusif en tant qu'offres premium pour attirer les clients à la recherche d'images uniques et de haute qualité pour leurs projets.

4. Participez à des concours et expositions de photographie

Présentez vos compétences en photographie et gagnez en reconnaissance en participant à des concours de photographie, des expositions et des prix de l'industrie. Gagner des distinctions peut renforcer votre crédibilité, attirer des clients potentiels et augmenter la demande de licence pour vos images primées.

5. Établir des relations clients à long terme

Cultivez des relations avec des clients, des agences et des éditeurs récurrents en offrant un service client exceptionnel, des images de haute qualité constante et des réponses rapides aux demandes de renseignements ou de licences. Fidélisez vos clients grâce à des communications personnalisées et à des solutions de licences sur mesure.

Considérations juridiques concernant l'octroi d'une licence pour votre photographie

1. Protection des droits d'auteur

Comprenez vos droits en tant que propriétaire des droits d'auteur de vos photographies et l'importance d'enregistrer votre travail auprès des bureaux de droits d'auteur pour une protection juridique. Spécifiez clairement les droits d'utilisation, les droits de reproduction et l'attribution des droits d'auteur dans les accords de licence.

2. Accords de licence

Rédigez des accords de licence complets qui décrivent les conditions d'utilisation, les utilisations autorisées, les clauses d'exclusivité, les conditions de rémunération et les conditions de résiliation. Consultez des professionnels du droit spécialisés en droit de la propriété intellectuelle pour vous assurer que les contrats sont conformes aux réglementations locales et protègent vos intérêts.

3. Autorisations de modèle et de propriété

Obtenez des autorisations de modèle et des autorisations de propriété signées pour les personnes identifiables ou les propriétés privées présentées dans vos photographies. Assurez-vous que les versions autorisent l'utilisation commerciale et la distribution des images afin d'atténuer les risques juridiques liés à la vie privée et aux droits de publicité.

4. Application et surveillance des licences

Surveillez l'utilisation des images sous licence en ligne et faites valoir les réclamations pour violation du droit d'auteur contre toute utilisation non autorisée ou abusive de vos photographies. Utilisez le filigrane numérique, les outils de recherche d'images inversées et les services de gestion des droits d'auteur pour protéger vos droits de propriété intellectuelle.

5. Restez informé des changements juridiques

Restez informé des changements dans les lois sur les droits d'auteur, les réglementations en matière de licences et les normes industrielles affectant les droits photographiques et la propriété intellectuelle. Rejoignez des associations professionnelles de photographie, assistez à des séminaires juridiques et demandez conseil à des conseillers juridiques pour résoudre les problèmes juridiques complexes liés à l'octroi de licences pour votre photographie.

L'octroi d'une licence pour votre photographie offre une voie viable pour créer des flux de revenus passifs en monétisant votre travail artistique grâce à la gestion des droits numériques et aux accords de licence d'image. En tirant parti des plateformes en ligne, en optimisant les métadonnées, en offrant diverses options de licence et en protégeant vos droits d'auteur, vous pouvez établir une source de revenus durable en tant que photographe professionnel.

Chapitre 10 : Investir dans des obligations

Investir dans des obligations est une stratégie fondamentale pour générer un revenu passif grâce à des paiements d'intérêts fixes et à des gains en capital potentiels. Ce chapitre explore les bases de l'investissement obligataire, les types d'obligations, les stratégies obligataires pour un revenu passif, les risques et les récompenses, la diversification du portefeuille et des études de cas d'investisseurs qui ont réussi à créer des flux de revenus grâce à des investissements obligataires.

Introduction à l'investissement en obligations

Les obligations sont des titres de créance émis par des gouvernements, des municipalités, des sociétés ou d'autres entités pour lever des capitaux. Lorsque vous investissez dans des obligations, vous prêtez de l'argent à l'émetteur en échange de paiements d'intérêts réguliers (paiements de coupons) et du remboursement du principal (valeur nominale) à l'échéance. L'investissement obligataire offre des avantages en matière de revenu stable, de diversification de portefeuille et de gestion des risques par rapport aux autres types d'investissement.

Pourquoi choisir les obligations pour un revenu passif ?

1. **Flux de revenus stable** : les obligations fournissent des paiements d'intérêts prévisibles à intervalles fixes, offrant un revenu passif fiable

aux investisseurs à la recherche de flux de trésorerie réguliers.

2. **Préservation du capital** : les obligations sont généralement moins volatiles que les actions et offrent un remboursement du capital à l'échéance, offrant ainsi un certain degré de préservation du capital dans les portefeuilles d'investissement.

3. **Avantages de diversification** : incluez des obligations dans votre portefeuille d'investissement pour diversifier l'exposition au risque et contrebalancer les fluctuations du marché boursier.

4. **Gestion des risques** : Différents types d'obligations offrent différents niveaux de risque de crédit, de risque de taux d'intérêt et de risque de liquidité, permettant aux investisseurs d'adapter les investissements obligataires à leur tolérance au risque et à leurs objectifs financiers.

Types d'obligations

1. Obligations d'État

Définition : émis par les gouvernements nationaux pour financer des projets et des opérations publics. Les exemples incluent les obligations du Trésor américain, les Gilts britanniques, les Bunds allemands et les obligations du gouvernement japonais (JGB).

Caractéristiques : Considéré comme à faible risque en raison du soutien souverain, offrant des paiements d'intérêts fixes et le remboursement du principal à l'échéance. Les bons du Trésor sont souvent utilisés comme référence pour d'autres rendements obligataires.

2. Obligations d'entreprises

Définition : émis par des sociétés pour lever des capitaux pour leurs opérations commerciales, leur expansion ou le refinancement de leurs dettes. La qualité du crédit des obligations de sociétés varie en fonction de la santé financière et des notations de crédit de l'émetteur.

Caractéristiques : Offrez des rendements plus élevés que les obligations d'État pour compenser le risque de crédit. Les notations de crédit (par exemple AAA, AA, BBB) évaluent la capacité de l'émetteur à honorer ses obligations en matière de dette, influençant ainsi le prix des obligations et la demande des investisseurs.

3. Obligations municipales

Définition : émise par les gouvernements ou agences étatiques et locales pour financer des projets d'infrastructure, des services publics et des développements communautaires. Les obligations municipales offrent des avantages fiscaux aux investisseurs.

Caractéristiques : Exonéré de l'impôt fédéral sur le revenu et peut être exonéré des impôts nationaux et locaux s'il est émis dans l'État de résidence de l'investisseur. La qualité du crédit et le rendement des obligations municipales varient en fonction de la solvabilité de l'émetteur.

4. Obligations (indésirables) à haut rendement

Définition : émis par des sociétés ayant des notations de crédit inférieures (en dessous de la catégorie investissement) ou des entités des marchés émergents. Les obligations à haut rendement offrent des taux de coupon plus élevés pour compenser un risque de défaut plus élevé.

Caractéristiques : investissements considérés comme spéculatifs en raison de probabilités de défaut plus élevées et de la volatilité des prix. Les investisseurs recherchent des rendements plus élevés, mais sont confrontés à des risques de crédit et de marché plus élevés que les obligations de qualité investissement.

5. Obligations internationales

Définition : émis par des gouvernements étrangers, des sociétés multinationales ou des organisations internationales. Les obligations internationales offrent des avantages en matière de diversification et une exposition aux marchés mondiaux.

Caractéristiques : Le risque de change (fluctuations des taux de change) et les facteurs géopolitiques peuvent avoir un impact sur les rendements. Les investisseurs évaluent le risque souverain, la stabilité économique et les tendances des devises lorsqu'ils investissent dans des obligations internationales.

Stratégies d'investissement obligataire pour un revenu passif

1. **Investissement de revenus**

Concentrez-vous sur les obligations avec des flux de trésorerie stables et des paiements de coupons réguliers pour générer un revenu passif constant. Construisez une échelle obligataire avec des échéances échelonnées pour répondre aux besoins de trésorerie et réinvestissez le produit dans de nouvelles obligations ou des actifs générateurs de revenus.

2. **Approche de rendement total**

Combinez les revenus obligataires avec les gains en capital potentiels résultant de l'appréciation du prix des obligations. Répartir les investissements dans différents secteurs obligataires (gouvernementaux, entreprises, municipaux) pour améliorer le potentiel de rendement total et atténuer les risques.

3. **Stratégies de courbe de rendement**

Adaptez les stratégies d'investissement obligataire en fonction des mouvements de la courbe des rendements et des attentes en matière de taux d'intérêt. Mettez en œuvre des stratégies telles que des portefeuilles barbell, bullet ou échelonnés pour capitaliser sur les changements

de la courbe des rendements et optimiser la
génération de revenus.

4. **Allocation sectorielle et qualité de crédit**

Diversifiez les avoirs en obligations entre les
secteurs (par exemple, les services financiers, les
services publics, l'industrie) et les notations de
crédit (par exemple, de qualité investissement, à
haut rendement) pour gérer l'exposition au risque
et améliorer la résilience du portefeuille face aux
cycles économiques et aux fluctuations du
marché.

5. **Gestion des risques et couverture**

Utiliser des dérivés obligataires (par exemple,
des swaps de taux d'intérêt, des options) et des
stratégies de couverture pour atténuer le risque
de taux d'intérêt, le risque de crédit et le risque
d'inflation dans les portefeuilles obligataires.
Surveillez les écarts de crédit, les notations des
obligations et les indicateurs macroéconomiques

pour ajuster les allocations de portefeuille en conséquence.

Risques et récompenses de l'investissement obligataire

1. **Risque de taux d'intérêt**

Les prix et les rendements des obligations ont une relation inverse ; la hausse des taux d'intérêt peut entraîner une baisse des prix des obligations et des pertes en capital potentielles pour les détenteurs d'obligations. La durée mesure la sensibilité aux variations des taux d'intérêt, influençant la volatilité des prix des obligations.

2. **Risque de crédit**

Évaluez la solvabilité des émetteurs et les notations des obligations pour évaluer le risque de défaut. Les obligations de qualité investissement offrent des rendements inférieurs mais une qualité de crédit supérieure, tandis que les obligations à haut rendement offrent des rendements plus élevés avec un risque de défaut plus élevé.

3. **Risque de liquidité**

Tenez compte de la liquidité du marché obligataire et des volumes de transactions lorsque vous investissez dans des obligations d'entreprises, des obligations municipales ou des titres de créance des marchés émergents. Les obligations illiquides peuvent avoir des spreads acheteur-vendeur plus larges et une négociabilité limitée, ce qui affecte la liquidité du portefeuille.

4. **Risque inflationniste**

Surveillez les tendances de l'inflation et l'érosion du pouvoir d'achat pour protéger les rendements des obligations contre les pressions inflationnistes. Investissez dans des titres du Trésor protégés contre l'inflation (TIPS) ou dans des obligations liées à l'inflation pour bénéficier des avantages de la couverture contre l'inflation.

5. **Risque d'appel et de paiement anticipé**

Évaluez les obligations rachetables ou les titres adossés à des créances hypothécaires (MBS) pour déterminer le risque d'appel et le remboursement anticipé du capital. Les obligations rachetables peuvent être rachetées par les émetteurs avant leur échéance, ce qui limite potentiellement les revenus futurs des détenteurs d'obligations.

Construire un portefeuille d'investissement obligataire

1. **Stratégie de répartition d'actifs**

Allouez une partie des portefeuilles d'investissement aux actifs obligataires en fonction de la tolérance au risque, de l'horizon d'investissement et des objectifs de revenu. Équilibrez vos avoirs en obligations avec des investissements en actions, des équivalents de trésorerie et des actifs alternatifs pour une allocation d'actifs diversifiée.

2. **Rééquilibrage et surveillance du portefeuille**

Examiner périodiquement la performance du portefeuille obligataire, les objectifs d'allocation d'actifs et les conditions du marché. Rééquilibrez les avoirs du portefeuille en vendant des actifs surperformants et en réinvestissant dans des secteurs sous-performants pour maintenir la diversification du portefeuille et les rendements ajustés au risque.

3. **Considérations fiscales**

Évaluez les implications fiscales des investissements obligataires, y compris les revenus d'intérêts imposables, les impôts sur les plus-values et les options obligataires exonérées d'impôt. Consultez des conseillers fiscaux ou des planificateurs financiers pour optimiser les stratégies fiscalement avantageuses et maximiser les rendements après impôt des investissements obligataires.

4. **Planification des investissements à long terme**

Intégrez les investissements obligataires dans les objectifs de planification financière à long terme, y compris les stratégies de planification de la retraite, de financement de l'éducation et de préservation du patrimoine. Envisagez des échelles d'obligations, des fonds communs de placement obligataires ou des fonds négociés en bourse (ETF) pour une exposition diversifiée et une génération de revenus passifs au fil du temps.

Investir dans des obligations offre aux investisseurs une voie fiable vers la génération passive de revenus, la diversification de portefeuille et la gestion des risques dans les portefeuilles d'investissement. En comprenant les fondamentaux des obligations, en mettant en œuvre des stratégies d'investissement stratégiques et en surveillant les conditions du marché, les investisseurs peuvent générer des flux de revenus durables et atteindre la liberté financière au fil du temps.

Dans les prochains chapitres, nous explorerons d'autres sources de revenus passifs, telles que la création de sites d'adhésion, l'investissement dans des actions à dividendes et le lancement de produits numériques. Chaque chapitre fournira des informations exploitables, des stratégies et des exemples concrets pour vous aider à diversifier vos sources de revenus et à atteindre l'indépendance financière grâce à un revenu passif.

Chapitre 11 : Créer une application ou un logiciel

Créer une application ou un produit logiciel peut être une entreprise très lucrative pour générer des flux de revenus passifs. Ce chapitre explore les étapes impliquées dans la création et le lancement d'une application ou d'un logiciel, les stratégies de monétisation, les tactiques de marketing, la gestion de la maintenance continue, des études de cas de produits logiciels réussis et des conseils pour maximiser les revenus passifs grâce aux produits numériques.

Introduction à la création d'une application ou d'un logiciel

À l'ère numérique d'aujourd'hui, les applications et les solutions logicielles ont transformé les secteurs, offrant des opportunités évolutives de revenus passifs via des abonnements, des achats intégrés, des revenus publicitaires et des accords de licence. Que vous soyez développeur, entrepreneur ou propriétaire d'entreprise, la création d'une application ou d'un produit logiciel performant nécessite une planification, une exécution et une optimisation continue minutieuses pour capter la demande du marché et maintenir des flux de revenus passifs.

Pourquoi créer une application ou un logiciel pour un revenu passif ?

1. **Potentiel de revenus évolutif** : touchez un public mondial et monétisez des produits numériques via des modèles d'abonnement, des achats uniques ou des offres freemium.

2. **Faibles frais généraux** : par rapport aux entreprises traditionnelles, le développement

d'applications et de logiciels peut avoir des coûts initiaux inférieurs et des avantages en termes d'évolutivité.

3. **Diverses stratégies de monétisation** : générez des revenus passifs grâce à la publicité dans l'application, aux services d'abonnement, aux intégrations de marketing d'affiliation et aux fonctionnalités premium.

4. **Innovation continue** : restez compétitif en itérant sur les mises à jour des applications, en introduisant de nouvelles fonctionnalités et en répondant aux commentaires des utilisateurs pour améliorer l'engagement et la fidélisation des utilisateurs.

Étapes pour créer une application ou un logiciel

1. **Étude de marché et validation des idées**

Identifiez un marché de niche ou un problème auquel votre application ou votre logiciel répondra. Réalisez des études de marché, des analyses de la concurrence et des enquêtes auprès des utilisateurs pour valider la demande et affiner votre concept de produit. Définissez votre public cible, vos profils d'utilisateurs et vos propositions de vente uniques (USP) pour différencier votre application sur le marché.

2. **Planification et prototypage**

Créez un plan de projet détaillé décrivant les fonctionnalités de l'application, les exigences de fonctionnalité, les étapes de développement et le calendrier de lancement. Développez des wireframes, des maquettes ou des prototypes interactifs pour visualiser les éléments de conception de l'interface utilisateur (UI) et de l'expérience utilisateur (UX). Collaborez avec les développeurs, les concepteurs et les parties prenantes pour aligner les objectifs du projet et les spécifications techniques.

3. **Développement et tests**

Choisissez un cadre de développement, un langage de programmation et une pile technologique appropriés en fonction des exigences de votre application (par exemple, native, hybride, basée sur le Web). Mettez en œuvre des méthodologies de développement agiles pour créer, tester et affiner de manière itérative les fonctionnalités des applications. Menez des phases de tests alpha et bêta pour recueillir les commentaires des utilisateurs, identifier les bogues et garantir la stabilité et les performances des applications sur plusieurs appareils et plates-formes.

4. **Stratégie de monétisation**

Évaluez les options de monétisation telles que :

- **Modèle Freemium** : offrez gratuitement des fonctionnalités de base et facturez les mises à niveau premium ou le contenu supplémentaire.

- **Modèle d'abonnement** : générez des revenus récurrents grâce à des plans d'abonnement avec une tarification échelonnée et des avantages exclusifs.
- **Achats intégrés** : vendez des biens virtuels, du contenu numérique ou des fonctionnalités premium au sein de l'application pour améliorer l'expérience utilisateur.
- **Revenus publicitaires** : intégrez des publicités tierces, des parrainages ou de la publicité native pour monétiser le trafic des applications et l'engagement des utilisateurs.
- **Licences et partenariats** : explorez les opportunités de licence pour mettre en marque blanche votre logiciel ou collaborer avec des marques pour des solutions co-marquées.

5. **Lancement et commercialisation**

Développez une stratégie marketing complète pour promouvoir votre application ou votre produit logiciel, augmenter la visibilité et acquérir des utilisateurs :

- **App Store Optimization (ASO)** : optimisez les titres, les descriptions, les mots-clés et les visuels des applications pour améliorer la visibilité et le classement sur les magasins d'applications (par exemple, Apple App Store, Google Play Store).
- **Campagnes de marketing numérique** : tirez parti du marketing sur les réseaux sociaux, du marketing de contenu, des campagnes par e-mail et des partenariats d'influence pour attirer les utilisateurs cibles et générer des téléchargements d'applications.
- **Presse et sensibilisation des médias** : générez du buzz via des communiqués de presse, des critiques d'applications, des blogs invités et une couverture médiatique pour atteindre un public plus large et renforcer votre crédibilité.
- **Stratégies d'acquisition d'utilisateurs** : mettez en œuvre des campagnes d'acquisition payantes (par exemple, des publicités PPC, des campagnes d'installation d'applications) et des tactiques de croissance organique (par exemple, des programmes de parrainage, des références

d'applications) pour acquérir et fidéliser des utilisateurs.

6. **Analyse et optimisation**

Surveillez les mesures de performances des applications, les données d'engagement des utilisateurs et les analyses de revenus à l'aide d'outils d'analyse d'applications (par exemple, Firebase, Google Analytics). Analysez le comportement des utilisateurs, les taux de conversion, les mesures de rétention et les taux de désabonnement pour identifier les opportunités d'optimisation des applications, d'améliorations des fonctionnalités et d'amélioration de l'expérience utilisateur. Itérez continuellement les mises à jour des applications, les corrections de bugs et les versions de fonctionnalités en fonction des commentaires des utilisateurs et des tendances du marché pour maintenir la pertinence et la rentabilité des applications.

Gestion de la maintenance continue et des mises à jour

1. **Support technique et service client**

Fournissez un support client réactif, une assistance technique et des services de dépannage pour répondre rapidement aux demandes des utilisateurs, aux problèmes techniques et aux commentaires. Établissez des canaux de communication (par exemple, FAQ, assistance par chat, assistance par e-mail) pour maintenir des expériences utilisateur positives et améliorer la satisfaction des clients.

2. **Sécurité et confidentialité des données**

Mettez en œuvre des mesures robustes de protection des données, des protocoles de cryptage et le respect des réglementations sur la confidentialité des données (par exemple, RGPD, CCPA) pour protéger les informations des utilisateurs et atténuer les risques de cybersécurité. Effectuez régulièrement des audits de sécurité, des évaluations de vulnérabilité et des mises à jour logicielles pour protéger l'intégrité des applications et la confidentialité des utilisateurs.

3. **Mises à jour des fonctionnalités et innovation**

Gardez une longueur d'avance sur la concurrence en introduisant de nouvelles fonctionnalités, des améliorations de fonctionnalités et des mises à jour logicielles pour répondre à l'évolution des attentes des utilisateurs et des tendances du secteur. Sollicitez les commentaires des utilisateurs, effectuez des tests d'utilisabilité et priorisez le développement de fonctionnalités en fonction de la demande des utilisateurs et des informations sur le marché.

Études de cas d'applications et de produits logiciels à succès

Étude de cas 1 : application mobile de remise en forme

Produit : Une application mobile de fitness proposant des routines d'entraînement personnalisées, un suivi de la nutrition et des outils de suivi des progrès.

Stratégie de monétisation : modèle Freemium avec des fonctionnalités de base disponibles pour des abonnements gratuits et premium pour des entraînements avancés, des plans de repas et une expérience sans publicité.

Stratégie marketing : utilisation du marketing sur les réseaux sociaux, des partenariats d'influenceurs et de l'optimisation de l'App Store (ASO) pour attirer les amateurs de fitness et les utilisateurs soucieux de leur santé. Implémentation d'achats intégrés pour des programmes d'entraînement supplémentaires et du contenu nutritionnel.

Succès : réalisation de millions de téléchargements, engagement soutenu des utilisateurs et génération de revenus grâce aux mises à niveau d'abonnement et aux achats intégrés. Application constamment mise à jour avec de nouveaux défis d'entraînement, des promotions saisonnières et des fonctionnalités de communauté d'utilisateurs pour améliorer les opportunités de fidélisation et de monétisation des utilisateurs.

Étude de cas 2 : Logiciel de gestion de projet

Produit : logiciel de gestion de projet basé sur le cloud permettant aux équipes de collaborer sur des tâches, de suivre les progrès et de gérer l'efficacité des flux de travail.

Stratégie de monétisation : tarification basée sur un abonnement avec des forfaits à plusieurs niveaux pour les utilisateurs individuels, les petites entreprises et les entreprises clientes. Offert des fonctionnalités premium telles que des diagrammes de Gantt, le suivi du temps et des outils de collaboration en équipe.

Stratégie marketing : campagnes de marketing B2B ciblées, marketing de contenu et optimisation des moteurs de recherche (SEO) pour atteindre les chefs de projet, les professionnels de l'informatique et les dirigeants d'entreprise. Utilisation d'essais gratuits, d'études de cas et de témoignages de clients pour présenter les avantages du logiciel et le retour sur investissement pour la productivité de l'organisation.

Succès : base d'utilisateurs élargie à l'échelle mondiale, sécurisation des clients d'entreprise grâce à des démonstrations de vente et des essais de produits sur mesure, et réalisation de revenus récurrents grâce aux abonnements et renouvellements annuels. Évolutivité logicielle améliorée, fonctionnalités de sécurité et intégrations avec des plates-formes tierces pour répondre aux divers besoins des clients et aux normes de l'industrie.

La création d'une application ou d'un produit logiciel offre une opportunité intéressante de créer des flux de revenus passifs grâce à l'innovation numérique, à une conception centrée sur l'utilisateur et à des stratégies de monétisation stratégiques. En suivant les meilleures pratiques en matière de développement d'applications, des tactiques de marketing efficaces et une maintenance continue, les entrepreneurs et les développeurs peuvent lancer des produits à succès, attirer des utilisateurs fidèles et générer des revenus durables au fil du temps.

Chapitre 12 : Dropshipping et commerce électronique

Le dropshipping et le commerce électronique représentent des opportunités lucratives pour générer des revenus passifs en vendant des produits en ligne sans gérer les stocks ou la logistique d'exécution. Ce chapitre explore les principes fondamentaux du dropshipping, les modèles commerciaux du commerce électronique, les stratégies d'approvisionnement en produits, la sélection de plateformes, les tactiques de marketing, la gestion de la relation client, l'évolutivité et les études de cas d'entrepreneurs de commerce électronique à succès.

Introduction au dropshipping et au commerce électronique

Le dropshipping est un modèle commercial dans lequel les détaillants (dropshippers) vendent des produits aux clients sans détenir de stock. Au lieu de cela, les produits sont expédiés directement des fournisseurs ou des grossistes aux clients, éliminant ainsi le besoin d'entreposage et de logistique. Les plateformes de commerce électronique fournissent une vitrine numérique pour les transactions en ligne, permettant aux entrepreneurs d'atteindre les marchés mondiaux et de monétiser les ventes de produits via divers canaux de marketing.

Pourquoi choisir le dropshipping et le commerce électronique pour un revenu passif ?

1. **Faibles coûts de démarrage** : démarrez une entreprise de commerce électronique avec un investissement initial minimal par rapport aux modèles de vente au détail traditionnels, réduisant ainsi les risques financiers et les frais généraux.

2. **Évolutivité et flexibilité** : faites évoluer vos opérations commerciales en vous approvisionnant en produits auprès de plusieurs fournisseurs, en élargissant les catalogues de produits et en tirant parti des stratégies de marketing numérique pour atteindre un public plus large.

3. **Accès au marché mondial** : accédez aux marchés internationaux et à diverses données démographiques de clients via des plateformes de commerce électronique, stimulant ainsi la

croissance des ventes et la diversification des revenus.

4. **Automation et efficacité** : automatisez le traitement des commandes, la gestion des stocks et les tâches de service client à l'aide d'outils et de solutions logicielles de commerce électronique pour rationaliser les opérations commerciales.

Premiers pas avec le dropshipping et le commerce électronique

1. **Choisissez un marché de niche**

Identifiez un marché de niche ou une catégorie de produits rentable en fonction de la demande du marché, des tendances de consommation et de l'analyse de la concurrence. Évaluez la rentabilité du créneau, les préférences du public cible et la différenciation des produits pour établir une proposition de vente unique (USP) sur le marché du commerce électronique.

2. **Sélectionnez les plateformes de commerce électronique**

Évaluez les plateformes de commerce électronique (par exemple, Shopify, WooCommerce, BigCommerce) en fonction des fonctionnalités, des plans tarifaires, de l'évolutivité et des capacités d'intégration. Choisissez une plate-forme qui correspond aux objectifs commerciaux, à la taille du catalogue de produits et aux exigences de personnalisation pour créer une boutique en ligne professionnelle.

3. **Produits et fournisseurs sources**

Recherchez des fournisseurs, des fabricants ou des grossistes réputés proposant des services de dropshipping pour les catégories de produits sélectionnées. Négociez les conditions de prix, les options d'expédition et les normes de qualité des produits pour garantir une gestion fiable de la chaîne d'approvisionnement et la satisfaction des clients.

4. **Créez votre boutique de commerce électronique**

Concevez un site Web ou une boutique en ligne conviviale à l'aide de modèles, de thèmes et de plugins de commerce électronique personnalisables. Optimisez les listes de produits avec des images de haute qualité, des descriptions détaillées, des informations sur les prix et des avis clients pour améliorer la visibilité des produits et les taux de conversion.

5. **Définir des stratégies de prix compétitives**

Calculez le prix des produits en fonction des coûts des fournisseurs, des frais d'expédition et des tendances du marché pour maintenir des stratégies de tarification compétitives. Proposez des remises, des promotions et des offres groupées pour attirer les clients et encourager les achats répétés sur votre plateforme de commerce électronique.

Stratégies de marketing et d'acquisition de clients

1. **Optimisation des moteurs de recherche (SEO)**

Optimisez le contenu de la boutique de commerce électronique, les pages de produits et les articles de blog avec des mots-clés, des balises méta et des backlinks pertinents pour améliorer le classement des moteurs de recherche et le trafic organique. Mettez en œuvre les meilleures pratiques de référencement pour générer un trafic ciblé et augmenter la visibilité en ligne des recherches de produits.

2. **Marketing de contenu**

Créez du contenu convaincant tel que des articles de blog, des critiques de produits, des didacticiels vidéo et du contenu généré par les utilisateurs pour engager les clients, démontrer les avantages des produits et renforcer l'autorité de la marque. Distribuez du contenu via des plateformes de médias sociaux, des newsletters par e-mail et des partenariats d'influenceurs pour attirer et fidéliser les visiteurs des magasins de commerce électronique.

3. **Marketing sur les réseaux sociaux**

Utiliser les plateformes de médias sociaux (par exemple Facebook, Instagram, Pinterest) pour présenter les produits, interagir avec les abonnés et promouvoir les mises à jour des magasins de commerce électronique, les offres spéciales et les témoignages de clients. Lancez des campagnes publicitaires ciblées, des publications sponsorisées et des concours sur les réseaux sociaux pour générer du trafic et des conversions à partir des canaux de réseaux sociaux.

4. **Campagnes publicitaires payantes**

Investissez dans la publicité au paiement par clic (PPC) sur les moteurs de recherche (par exemple, Google Ads) et les plateformes de médias sociaux pour cibler des données démographiques, des emplacements géographiques et des intérêts d'utilisateurs spécifiques. Surveillez les mesures de performances publicitaires, optimisez le ciblage des campagnes et ajustez les stratégies d'enchères pour maximiser le retour sur les dépenses publicitaires (ROAS) et les ventes en ligne.

5. **Automatisation du marketing par e-mail**

Créez et segmentez des listes d'abonnés par courrier électronique pour fournir des recommandations de produits personnalisées, des offres promotionnelles et des rappels de panier abandonné. Mettez en œuvre des outils d'automatisation du marketing par e-mail (par exemple, Mailchimp, Klaviyo) pour planifier des campagnes, tester le contenu des e-mails A/B et analyser les mesures de performances des campagnes pour l'engagement client et l'optimisation des conversions.

Gestion des opérations de commerce électronique et de la relation client

1. **Exécution des commandes et gestion des stocks**

Coordonnez le traitement des commandes, le suivi des expéditions et le réapprovisionnement des stocks avec les fournisseurs de dropshipping ou les centres de distribution. Mettez en œuvre un logiciel de gestion des stocks pour surveiller les niveaux de stock, les performances des fournisseurs et les délais d'exécution des commandes afin de garantir des opérations transparentes et la satisfaction des clients.

2. **Excellence du service client**

Fournissez un support client réactif via le chat en direct, l'assistance par e-mail et les demandes de renseignements téléphoniques pour répondre rapidement aux demandes de renseignements sur les produits, aux mises à jour d'expédition et aux problèmes liés aux commandes. Établissez des politiques de service client, des FAQ et des procédures de retour/remboursement pour renforcer la confiance, améliorer la réputation de la marque et entretenir des relations clients positives.

3. **Assurance qualité et avis sur les produits**

Surveillez la qualité des produits, les commentaires des clients et les avis en ligne pour identifier les améliorations des produits, les problèmes des fournisseurs et les niveaux de satisfaction des clients. Encouragez les clients satisfaits à laisser des avis positifs, des témoignages et des preuves sociales pour renforcer leur crédibilité et attirer de nouveaux clients dans votre boutique en ligne.

Développez votre activité de dropshipping et de commerce électronique

1. **Stratégies d'expansion**

Élargissez les offres de produits, ciblez de nouveaux segments de marché et diversifiez les canaux de vente (par exemple, Amazon, eBay, Etsy) pour augmenter les sources de revenus et la portée du marché. Formez des partenariats stratégiques avec des influenceurs, des spécialistes du marketing affilié et des collaborateurs de l'industrie pour promouvoir les produits et accroître la notoriété de la marque.

2. **Mesures de performances et analyses**

Suivez les indicateurs de performance clés (KPI) tels que les taux de conversion, la valeur moyenne des commandes (AOV), le coût d'acquisition client (CAC) et la valeur à vie du client (CLV) à l'aide d'outils d'analyse du commerce électronique. Analysez les tendances des ventes, les modèles de trafic sur les sites Web et les données sur le comportement des utilisateurs pour optimiser les campagnes marketing, les offres de produits et les stratégies de croissance commerciale.

3. **Automatisation et externalisation**

Automatisez les tâches répétitives (par exemple, le traitement des commandes, les mises à jour des stocks) à l'aide de solutions logicielles de commerce électronique et sous-traitez les activités non essentielles (par exemple, le service client, le marketing numérique) à des assistants virtuels ou à des professionnels indépendants. Allouez des ressources et concentrez-vous sur des initiatives stratégiques pour faire évoluer les opérations et maximiser l'efficacité des activités de commerce électronique.

Études de cas

Étude de cas 1 : Magasin de vêtements de niche

Entreprise : détaillant de vêtements en ligne spécialisé dans la mode durable et les vêtements respectueux de l'environnement.

Stratégie : identification d'un marché de niche pour les consommateurs soucieux de l'environnement, achat de produits auprès de fournisseurs éthiques et mise en œuvre d'un modèle de dropshipping pour réduire les coûts d'inventaire. Tirer parti du marketing de contenu, des influenceurs des médias sociaux et des stratégies de référencement pour attirer le public cible et stimuler les ventes en ligne.

Résultat : Établissement d'une base de clients fidèles, atteint des taux de conversion élevés et généré des revenus passifs grâce à des ventes récurrentes et des offres de produits durables. Gamme de produits élargie avec des collections saisonnières, collaboration avec des marques respectueuses de l'environnement et logistique de la chaîne d'approvisionnement optimisée pour soutenir la croissance de l'entreprise.

Étude de cas 2 : Marché des gadgets technologiques

Entreprise : plateforme de commerce électronique vendant des gadgets technologiques innovants, des appareils intelligents et des appareils électroniques grand public.

Stratégie : création d'un catalogue de produits diversifié présentant des produits technologiques tendance, partenariat avec des fournisseurs mondiaux et offre des prix compétitifs avec des options d'expédition rapides. Mise en œuvre de publicités PPC, de partenariats de marketing d'affiliation et de campagnes de marketing par courrier électronique pour générer du trafic sur le site Web et augmenter les ventes en ligne.

Résultat : Capture d'un segment de marché de niche composé de passionnés de technologie, croissance rapide des revenus et sources de revenus diversifiées grâce aux commissions d'affiliation et aux placements de produits sponsorisés. Optimisation des performances du site Web, de l'expérience utilisateur (UX) et des stratégies de fidélisation de la clientèle pour soutenir le succès commercial à long terme.

Le dropshipping et le commerce électronique offrent aux entrepreneurs des opportunités viables de générer des flux de revenus passifs grâce à la vente de produits en ligne, à des modèles commerciaux évolutifs et à des stratégies de marketing numérique. En tirant parti des plateformes de commerce électronique, en optimisant l'approvisionnement en produits, en mettant en œuvre des tactiques de marketing efficaces et en donnant la priorité à la satisfaction des clients, les entrepreneurs peuvent créer des sources de revenus durables et atteindre la liberté financière.

Chapitre 13 : Création d'un site d'adhésion

La création d'un site d'adhésion est une stratégie puissante pour générer des revenus passifs en offrant du contenu exclusif, des services ou un accès communautaire aux abonnés de manière récurrente. Ce chapitre explore les principes fondamentaux des sites d'adhésion, les types de modèles d'adhésion, les stratégies de création de contenu, la sélection de plateformes, les stratégies de tarification, les tactiques de marketing, les stratégies de fidélisation des membres et les études de cas de créateurs de sites d'adhésion à succès.

Introduction aux sites d'adhésion

Les sites d'adhésion permettent aux entrepreneurs, aux créateurs de contenu et aux entreprises de monétiser leur expertise, leurs connaissances et leur contenu premium grâce à un accès par abonnement. En fournissant des ressources précieuses, des mises à jour continues et un engagement communautaire, les sites d'adhésion favorisent des sources de revenus récurrentes et cultivent une base d'abonnés fidèles à la recherche de contenu ou de services spécialisés.

Pourquoi choisir des sites d'adhésion pour un revenu passif ?

1. **Revenus récurrents** : générez des revenus prévisibles grâce aux frais d'abonnement mensuels ou annuels des membres accédant à du contenu, des cours ou des services exclusifs.

2. **Évolutivité** : faites évoluer les opérations du site d'adhésion en ajoutant du nouveau contenu, en élargissant les niveaux d'adhésion et en tirant parti des processus automatisés pour répondre aux bases d'abonnés croissantes.

3. **Création de communauté** : favorisez une communauté dédiée d'individus, d'apprenants ou de clients partageant les mêmes idées et bénéficiant de connaissances partagées, d'opportunités de réseautage et de soutien par les pairs.

4. **Proposition de valeur** : offrez des avantages uniques tels que du contenu premium, des informations d'experts, des événements en direct, des sessions de coaching, des forums de membres et des ressources téléchargeables qui

justifient les frais d'abonnement et fidélisent les membres à long terme.

Démarrer avec un site d'adhésion

1. **Définissez votre niche et votre public cible**

Identifiez un marché de niche, un sujet spécialisé ou un public cible avec des intérêts, des besoins ou des problèmes spécifiques qui peuvent être résolus via un contenu exclusif, des ressources ou un engagement communautaire. Réaliser des études de marché, des analyses de concurrents et des enquêtes d'audience pour valider la demande et adapter les offres d'adhésion aux préférences des abonnés.

2. **Choisissez un modèle d'adhésion**

Sélectionnez un modèle d'adhésion qui correspond à vos objectifs commerciaux, à votre stratégie de contenu et aux attentes de vos abonnés :

- **Adhésion basée sur le contenu** : offrez
l'accès à des articles, des vidéos, des didacticiels,
des webinaires ou des ressources téléchargeables
premium.
- **Adhésion basée sur la communauté** :
proposez des forums de membres, des
événements de réseautage, du coaching de
groupe ou des groupes de soutien par les pairs.
- **Adhésion basée sur les produits** : offrez
des remises exclusives sur les produits, un accès
anticipé aux nouvelles versions ou à des produits
réservés aux membres.

3. **Sélectionnez une plateforme d'adhésion**

Évaluez les plates-formes de sites d'adhésion
(par exemple, MemberPress, Teachable, Kajabi)
en fonction des fonctionnalités, des plans
tarifaires, des capacités d'intégration et des
options de personnalisation. Choisissez une
plate-forme qui prend en charge la gestion de
contenu, la gestion des abonnements, le

traitement des paiements, la communication avec les membres et le suivi analytique pour rationaliser les opérations du site.

4. **Développer du contenu et des ressources convaincants**

Créez du contenu de haute qualité adapté aux intérêts des membres, aux objectifs d'apprentissage ou aux besoins de développement professionnel :

- **Développement de programmes** : concevez des cours structurés, des tutoriels ou des parcours d'apprentissage à l'aide de formats multimédias (par exemple, des vidéos, des livres électroniques, des quiz).
- **Contenu exclusif** : produisez des articles approfondis, des études de cas, des rapports de recherche ou des informations sur l'industrie accessibles uniquement aux membres.
- **Ressources interactives** : organisez des webinaires en direct, des sessions de questions-réponses, des ateliers virtuels ou des événements

réservés aux membres pour engager les abonnés et encourager la participation.

5. **Définir des stratégies de tarification des abonnements**

Établissez des niveaux de tarification, des plans d'abonnement ou des niveaux d'adhésion compétitifs en fonction de la profondeur du contenu, des privilèges d'accès et des avantages à valeur ajoutée :

- **Tarifs échelonnées** : proposez plusieurs niveaux d'adhésion (par exemple, de base, premium, VIP) avec différents niveaux d'accès et des avantages exclusifs.
- **Essai gratuit ou modèle Freemium** : attirez de nouveaux membres avec des essais gratuits à durée limitée, des offres de lancement ou des échantillons de contenu freemium pour présenter les avantages de l'adhésion.

Stratégies de marketing et d'acquisition de membres

1. **Marketing de contenu et référencement**

Optimisez le contenu du site d'adhésion, les pages de destination et les articles de blog avec des mots-clés, des balises méta et les meilleures pratiques de référencement pertinents pour améliorer les classements de recherche organiques et attirer un trafic ciblé. Créez de précieux aimants principaux, du contenu sécurisé ou des newsletters par courrier électronique pour capter l'intérêt des visiteurs et encourager les inscriptions à l'abonnement.

2. **Campagnes de marketing par e-mail**

Créez une liste d'abonnés par e-mail et entretenez des prospects grâce à des campagnes par e-mail personnalisées, des séquences goutte à goutte et des suivis automatisés pour promouvoir les avantages des membres, les versions de contenu à venir ou les offres exclusives. Segmentez les listes de diffusion en fonction des préférences des membres, des niveaux d'engagement ou de l'état de l'abonnement pour fournir des messages ciblés et optimiser les taux de conversion.

3. **Engagement sur les réseaux sociaux**

Utilisez les plateformes de médias sociaux (par exemple, Facebook, LinkedIn, Twitter, Instagram) pour partager les mises à jour du site d'adhésion, les témoignages de membres, les histoires de réussite et les offres promotionnelles. Cultivez des communautés en ligne, engagez-vous avec des abonnés et tirez parti des partenariats d'influenceurs pour étendre la visibilité de la marque, attirer de nouveaux membres et favoriser les références de membres.

4. **Publicité payante et partenariats**

Investissez dans des campagnes publicitaires payantes (par exemple, publicités PPC, publications sponsorisées) sur les moteurs de recherche et les plateformes de médias sociaux pour cibler des données démographiques, des emplacements géographiques ou des intérêts d'utilisateurs spécifiques. Collaborez avec des influenceurs du secteur, des affiliés ou des partenaires stratégiques pour atteindre des publics de niche, augmenter la visibilité du site d'adhésion et générer un trafic orienté conversion.

Fidélisation des membres et engagement communautaire

1. **Fournir une valeur et des mises à jour continues**

Proposez des mises à jour régulières de contenu, de nouvelles versions ou des offres exclusives pour maintenir l'engagement des membres, démontrer une valeur continue et justifier le renouvellement des abonnements. Sollicitez les commentaires des membres, menez des enquêtes et analysez les mesures d'engagement pour optimiser les stratégies de contenu et améliorer la satisfaction des membres.

2. **Offrez des expériences personnalisées aux membres**

Segmentez les membres en fonction de leur comportement, de leurs préférences ou de mesures d'engagement pour personnaliser les recommandations de contenu, les stratégies de communication et les avantages de l'adhésion. Mettez en œuvre des programmes de récompense des membres, des incitations à la fidélité ou des primes de parrainage pour encourager la fidélisation, favoriser la fidélité de la communauté et réduire les taux de désabonnement.

3. **Faciliter l'interaction et le soutien des membres**

Créez des forums interactifs, des forums de discussion ou des groupes privés permettant aux membres de réseauter, de partager des idées, de poser des questions et de collaborer sur des intérêts communs ou des objectifs professionnels. Fournissez un support client réactif, une assistance au dépannage et des ressources exclusives aux membres pour améliorer l'expérience utilisateur et établir des relations à long terme.

Développer l'activité de votre site d'adhésion

1. **Élargir les offres d'adhésion**

Diversifiez les offres de contenu, introduisez de nouveaux niveaux d'adhésion ou lancez des modules complémentaires premium (par exemple, des séances de coaching, des programmes de certification) pour répondre aux besoins changeants des membres et augmenter les sources de revenus. Surveillez en permanence les tendances du secteur, les commentaires des abonnés et les demandes du marché pour innover et rester compétitif sur le marché des sites d'adhésion.

2. **Automatiser les processus opérationnels**

Mettez en œuvre des outils d'automatisation (par exemple, des systèmes CRM, des plugins d'adhésion, des plateformes de marketing par e-mail) pour rationaliser les tâches administratives, automatiser l'intégration des membres et optimiser l'efficacité des flux de travail. Déléguez des activités non essentielles, embauchez des assistants virtuels ou externalisez le support technique pour vous concentrer sur les initiatives de croissance stratégique et les opportunités d'évolutivité.

3. **Mesurer les indicateurs de performance**

Suivez les indicateurs de performance clés (KPI) tels que le taux de croissance des adhésions, le taux de désabonnement, le revenu moyen par utilisateur (ARPU) et la valeur à vie des membres (MLV) à l'aide de tableaux de bord d'analyse et d'outils de reporting. Analysez les mesures d'engagement des membres, les taux de renouvellement d'abonnement et les informations sur les performances du contenu pour affiner les stratégies marketing, améliorer les efforts de fidélisation et maximiser la rentabilité du site d'adhésion.

Études de cas de sites d'adhésion réussis

Étude de cas 1 : Plateforme d'apprentissage en ligne

Entreprise : site d'adhésion proposant des cours en ligne, des tutoriels et des ressources pédagogiques pour le développement professionnel et l'avancement de carrière.

Stratégie : développement d'un programme complet, recrutement d'instructeurs experts et mise en œuvre d'un modèle d'abonnement à plusieurs niveaux avec accès aux bibliothèques de cours, aux webinaires en direct et aux programmes de certification. Tirer parti du référencement, du marketing de contenu et des partenariats d'affiliation pour attirer des apprenants, stimuler les inscriptions et élargir la base mondiale de membres.

Résultat : croissance significative du nombre d'abonnés, taux de rétention élevés et revenus récurrents provenant des abonnements mensuels et des renouvellements de cours. Engagement amélioré des utilisateurs grâce à des outils d'apprentissage interactifs, des forums communautaires et des parcours d'apprentissage personnalisés pour soutenir l'apprentissage tout au long de la vie et le développement des compétences.

Étude de cas 2 : Communauté de remise en forme et de bien-être

Entreprise : site réservé aux membres proposant des programmes de remise en forme, des conseils nutritionnels et des services de coaching en matière de bien-être pour les personnes soucieuses de leur santé.

Stratégie : création de routines d'entraînement personnalisées, de plans de repas et de séances de coaching en direct accessibles via des abonnements par abonnement. Mise en œuvre de campagnes sur les réseaux sociaux, de collaborations avec des influenceurs et de programmes de référence pour créer une communauté de soutien, encourager la responsabilité des membres et promouvoir des choix de vie sains.

Résultat : création d'une communauté de membres fidèles, fidélisation accrue des abonnés et génération de revenus passifs grâce à des frais d'abonnement récurrents et des offres de services supplémentaires. Niveaux d'adhésion étendus avec des offres groupées de contenu exclusif, des ateliers virtuels et des défis pour les membres pour maintenir l'engagement et les relations à long terme avec les membres.
La création d'un site d'adhésion offre une voie stratégique pour générer des revenus passifs en fournissant un contenu de valeur, en favorisant l'engagement communautaire et en monétisant

l'expertise grâce à des adhésions par abonnement.

Chapitre 14 : Impression à la demande

L'impression à la demande (POD) est un modèle commercial qui permet aux entrepreneurs de vendre des produits conçus sur mesure sans détenir de stock. Ce chapitre explore les principes fondamentaux de l'impression à la demande, les options de personnalisation des produits, la sélection de plateformes, les stratégies de création de conception, les tactiques de marketing, les opportunités de mise à l'échelle et des études de cas d'entreprises d'impression à la demande réussies.

Introduction à l'impression à la demande

L'impression à la demande (POD) permet aux particuliers et aux entreprises de créer et de vendre des marchandises, des vêtements, des accessoires et des produits de décoration d'intérieur sur mesure sans frais d'inventaire initiaux. En s'associant avec les fournisseurs et les plateformes POD, les vendeurs peuvent tirer parti de la technologie d'impression numérique pour exécuter les commandes à la demande, personnaliser les produits en fonction des préférences des clients et monétiser les créations créatives via les canaux de vente en ligne.

Pourquoi choisir l'impression à la demande pour un revenu passif ?

1. **Zéro coût d'inventaire** : éliminez le besoin d'investissement initial dans le stockage des stocks, l'équipement de production ou la logistique d'exécution, réduisant ainsi les risques financiers et les frais généraux opérationnels.

2. **Personnalisation du produit** : proposez des conceptions, des illustrations ou des options de marque personnalisées pour répondre aux marchés de niche, aux préférences uniques des clients et aux demandes tendances des consommateurs.

3. **Évolutivité et flexibilité** : faites évoluer les offres de produits, développez les catalogues de conception et ciblez divers segments de clientèle via plusieurs canaux de vente, notamment les plateformes de commerce électronique, les marchés et les médias sociaux.

4. **Portée mondiale** : accédez aux marchés internationaux et atteignez un public mondial de clients potentiels via des plateformes POD avec

des capacités intégrées d'expédition et de traitement des commandes.

Premiers pas avec l'impression à la demande

1. **Identifiez votre niche et vos catégories de produits**

Définissez un marché de niche, un public spécifique ou une catégorie de produits (par exemple, vêtements, accessoires, décoration d'intérieur) en fonction des tendances de consommation, de la demande du marché et des intérêts personnels. Réaliser des études de marché, des analyses de concurrents et des prévisions de tendances pour identifier des niches rentables et des opportunités de produits pour la personnalisation du POD.

2. **Sélectionnez une plateforme d'impression à la demande**

Évaluez les plateformes POD (par exemple, Printful, Printify, Teespring) en fonction des offres de produits, des capacités d'impression, des structures de prix, des options d'expédition et de l'intégration avec les plateformes de commerce électronique (par exemple, Shopify, WooCommerce). Choisissez une plateforme qui correspond à vos types de produits, à vos exigences de conception et à vos objectifs d'évolutivité commerciale.

3. **Créer et personnaliser des conceptions de produits**

Développez des œuvres d'art originales, des conceptions graphiques ou des illustrations numériques à l'aide d'un logiciel de conception (par exemple, Adobe Photoshop, Canva) ou engagez des designers indépendants pour créer des conceptions de produits uniques. Optimisez les conceptions pour la qualité d'impression, la précision des couleurs et la compatibilité avec les spécifications d'impression POD afin de garantir l'esthétique du produit et la satisfaction du client.

4. **Télécharger et publier des produits**

Téléchargez des conceptions de produits, définissez les prix et configurez les détails du produit (par exemple, couleurs, tailles, variantes de produits) sur la plateforme POD de votre choix. Créez des maquettes de produits ou des aperçus numériques pour présenter les variations de conception, les options de personnalisation des produits et l'attrait visuel pour les clients potentiels parcourant votre vitrine en ligne.

5. **Définir les prix et les marges bénéficiaires**

Calculez le prix des produits en fonction des coûts de production POD, des frais d'expédition, des frais de transaction de la plateforme et des marges bénéficiaires souhaitées. Mettez en œuvre des stratégies de tarification dynamiques, des remises promotionnelles ou des offres groupées pour attirer les clients, augmenter le volume des ventes et maximiser les revenus de chaque vente de produit.

Stratégies de marketing et de vente

1. **Intégration de boutique de commerce électronique**

Intégrez les produits POD de manière transparente dans votre boutique en ligne existante ou créez une vitrine POD dédiée à l'aide de modèles, de thèmes et de plugins personnalisables. Optimisez les listes de produits avec des descriptions de produits convaincantes, des images de haute qualité et des avis clients pour améliorer la visibilité des produits et les taux de conversion.

2. **Marketing de contenu et référencement**

Développez du contenu attrayant tel que des articles de blog, des présentations de produits, des didacticiels de conception ou du contenu généré par les utilisateurs pour attirer du trafic organique, éduquer les clients potentiels et présenter les capacités de personnalisation des produits. Mettez en œuvre les meilleures pratiques de référencement pour optimiser les pages de produits, les balises méta et le contenu du site Web afin d'améliorer le classement dans les moteurs de recherche et la visibilité en ligne.

3. **Marketing sur les réseaux sociaux**

Utiliser les plateformes de médias sociaux (par exemple, Instagram, Facebook, Pinterest) pour promouvoir les produits POD, partager l'inspiration en matière de conception et interagir avec les abonnés via du contenu visuel, des publications interactives et la narration. Tirez parti de la publicité sur les réseaux sociaux, des collaborations avec des influenceurs et des campagnes de contenu généré par les utilisateurs pour accroître la notoriété de votre marque, générer du trafic vers votre vitrine POD et encourager les achats de produits.

4. **Campagnes de marketing par e-mail**

Créez une liste d'abonnés par e-mail et entretenez les relations clients grâce à des campagnes par e-mail personnalisées, des mises à jour de produits, des offres exclusives et des remises promotionnelles. Segmentez les listes de diffusion en fonction des préférences des clients, de l'historique des achats ou des niveaux d'engagement pour transmettre des messages marketing ciblés et encourager les achats répétés de produits POD.

Gestion des opérations POD et des relations clients

1. **Exécution des commandes et contrôle qualité**

Surveillez les processus de production POD, les normes de qualité d'impression et les délais d'exécution pour garantir un traitement et une livraison des commandes en temps opportun. Communiquez avec les fournisseurs POD, gérez les niveaux de stock et répondez rapidement aux demandes des clients ou aux problèmes de commande afin de maintenir des taux de satisfaction et de fidélisation des clients élevés.

2. **Excellence du service client**

Fournir un support client réactif via plusieurs canaux (par exemple, e-mail, chat en direct, médias sociaux) pour aider les clients avec leurs demandes de renseignements sur les produits, les mises à jour d'expédition ou les demandes de retour/remboursement. Mettez en œuvre des politiques de service client, des garanties de satisfaction et des stratégies de communication proactives pour instaurer la confiance, résoudre les problèmes efficacement et améliorer l'expérience client globale.

3. **Analyse et optimisation des performances**

Suivez les indicateurs de performance clés (KPI) tels que les tendances des ventes, les taux de conversion, la valeur moyenne des commandes (AOV) et les coûts d'acquisition client (CAC) à l'aide des outils d'analyse de la plateforme POD et des tableaux de bord de commerce électronique. Analysez les mesures de performances des produits, les commentaires des clients et les tendances du marché pour optimiser les offres de produits, les stratégies de tarification et les campagnes marketing pour une croissance continue de l'entreprise.

Développer votre activité d'impression à la demande

1. **Élargir les offres de produits**

Diversifiez les catégories de produits, introduisez de nouvelles collections de designs ou collaborez avec des artistes invités, des influenceurs ou des ambassadeurs de marque pour attirer de nouveaux clients et élargir votre catalogue de produits POD. Lancez des promotions saisonnières, des éditions limitées ou des collections thématiques pour stimuler l'intérêt des clients et augmenter le volume des ventes.

2. **Automatiser et externaliser les opérations**

Automatisez les tâches répétitives (par exemple, le traitement des commandes, les mises à jour des stocks) à l'aide des intégrations de la plateforme POD, des plugins de commerce électronique et des outils tiers pour rationaliser les flux de travail opérationnels et améliorer la productivité. Déléguez des activités non essentielles, embauchez des assistants virtuels ou externalisez le support client pour vous concentrer sur les initiatives stratégiques, le développement de conceptions créatives et l'évolutivité de l'entreprise.

3. **Partenaire avec des influenceurs et des affiliés**

Collaborez avec des influenceurs des médias sociaux, des créateurs de contenu ou des spécialistes du marketing affilié pour promouvoir les produits POD, amplifier la visibilité de la marque et atteindre des publics cibles grâce à des recommandations authentiques, du contenu sponsorisé ou des programmes de parrainage d'affiliés. Surveillez les performances des partenariats, suivez le trafic de référence et optimisez les campagnes d'influence pour maximiser le retour sur investissement et générer une croissance durable des revenus.

L'impression à la demande offre aux entrepreneurs une voie évolutive et rentable pour générer des revenus passifs en vendant des produits conçus sur mesure via des vitrines en ligne, des plateformes de commerce électronique et des marchés numériques. En tirant parti de leurs compétences en conception créative, de la technologie d'impression numérique, de stratégies de marketing efficaces et d'opérations centrées sur le client, les entrepreneurs peuvent tirer parti des opportunités de POD, diversifier leurs sources de revenus et atteindre la liberté financière.

Chapitre 15 : Investir dans les crypto-monnaies

L'investissement dans les crypto-monnaies est devenu un moyen populaire pour générer des revenus passifs et une appréciation du capital à l'ère numérique. Ce chapitre explore les principes fondamentaux des investissements en cryptomonnaies, les stratégies permettant de générer des revenus passifs grâce aux cryptomonnaies, les techniques de gestion des risques, les considérations réglementaires et les études de cas d'investisseurs prospères en cryptomonnaies.

Introduction aux crypto-monnaies

Les crypto-monnaies sont des actifs numériques décentralisés qui utilisent des techniques cryptographiques pour sécuriser les transactions, vérifier la propriété des actifs et faciliter les transferts de valeur peer-to-peer. Bitcoin, Ethereum et d'autres altcoins ont gagné en importance en tant qu'actifs d'investissement alternatifs, offrant des rendements potentiels et des avantages de diversification au-delà des marchés financiers traditionnels.

Pourquoi choisir les crypto-monnaies pour un revenu passif ?

1. **Potentiel de rendements élevés** : Les crypto-monnaies ont affiché une volatilité importante des prix, présentant des opportunités d'appréciation du capital et de génération de

bénéfices grâce à des décisions d'investissement stratégiques.

2. **Avantages de la diversification** : diversifiez les portefeuilles d'investissement en allouant des fonds à des actifs numériques qui peuvent offrir des rendements non corrélés par rapport aux actions, aux obligations et aux matières premières.

3. **Opportunités de revenus passifs** : gagnez un revenu passif grâce à diverses stratégies d'investissement en crypto-monnaie, notamment le jalonnement, les prêts, l'agriculture de rendement et la participation à des protocoles de finance décentralisée (DeFi).

4. **Innovation technologique** : Participez à la croissance de la technologie blockchain, des applications décentralisées (dApps) et des solutions de paiement numérique qui stimulent l'adoption des cryptomonnaies et l'expansion du marché.

Premiers pas avec les investissements en crypto-monnaie

1. **Comprendre les marchés des crypto-monnaies**

Renseignez-vous sur les principes fondamentaux des crypto-monnaies, la technologie blockchain, la dynamique du marché et les facteurs influençant les mouvements des prix des crypto-monnaies (par exemple, la dynamique de l'offre et de la demande, le sentiment du marché, les évolutions réglementaires).

2. **Évaluation des risques et stratégie d'investissement**

Évaluez la tolérance au risque, les objectifs d'investissement et l'horizon temporel avant d'allouer des fonds aux crypto-monnaies. Développer une stratégie d'investissement basée sur l'analyse fondamentale, l'analyse technique et les principes de gestion des risques pour atténuer la volatilité et optimiser les rendements.

3. **Choisir les actifs de crypto-monnaie**

Recherchez et évaluez différentes crypto-monnaies en fonction de la capitalisation boursière, de la liquidité, des fondamentaux du projet, de la crédibilité de l'équipe de développement, de la viabilité des cas d'utilisation et du soutien de la communauté. Diversifiez vos investissements dans les crypto-monnaies établies (par exemple, Bitcoin, Ethereum) et les altcoins prometteurs avec un potentiel de croissance.

4. **Échanges et portefeuilles de crypto-monnaie**

Sélectionnez des bourses de crypto-monnaie réputées (par exemple, Binance, Coinbase, Kraken) pour acheter, vendre et échanger des actifs numériques en toute sécurité. Utilisez des portefeuilles matériels, des portefeuilles logiciels ou des services de garde pour stocker les crypto-monnaies et garder le contrôle des clés privées pour des mesures de sécurité renforcées.

Générer des revenus passifs avec les crypto-monnaies

1. **Jalonnement de crypto-monnaie**

Participez aux protocoles de jalonnement de crypto-monnaie pour valider les transactions blockchain, sécuriser le consensus du réseau et gagner des récompenses de jalonnement sous la forme de jetons de crypto-monnaie supplémentaires. Choisissez des plateformes de jalonnement et des crypto-monnaies prenant en charge les mécanismes de consensus de preuve de participation (PoS) pour miser des jetons et gagner un revenu passif basé sur la participation au réseau.

2. **Prêts et emprunts de crypto-monnaie**

Participez aux plateformes de prêt de crypto-monnaie et aux protocoles de finance décentralisée (DeFi) pour prêter des actifs numériques aux emprunteurs en échange de paiements d'intérêts et de frais de prêt. Explorez les opportunités de prêt sur des plateformes telles que Compound, Aave ou Celsius Network pour gagner un revenu passif grâce aux activités de prêt tout en gérant les risques et les conditions de prêt associés.

3. **Agriculture de rendement et provision de liquidités**

Participez à des stratégies d'agriculture de rendement en fournissant des liquidités aux bourses décentralisées (DEX) et aux pools de liquidités en échange de récompenses de rendement, de frais de négociation et d'incitations symboliques. Allouez des avoirs en cryptomonnaies à des pools de liquidités sur des plateformes comme Uniswap, SushiSwap ou PancakeSwap pour gagner un revenu passif grâce à des mécanismes de tenue de marché automatisés (AMM) et des stratégies d'optimisation des rendements.

4. **Opérations de masternode**

Exploitez un masternode de crypto-monnaie en hébergeant un nœud de réseau complet, en effectuant des tâches spécialisées en matière de blockchain et en validant les transactions pour gagner des récompenses de bloc et des frais de transaction. Investissez dans des crypto-monnaies compatibles avec les masternodes (par exemple, Dash, Zcoin) nécessitant des garanties et une participation au réseau pour sécuriser les flux de revenus passifs provenant des opérations de masternode.

Gestion des risques et considérations réglementaires

1. **Évaluation des risques et diversification du portefeuille**

Gérez les risques d'investissement en crypto-monnaie en diversifiant les avoirs du portefeuille, en fixant des limites d'allocation et en mettant en œuvre des ordres stop-loss ou des stratégies de couverture pour atténuer la volatilité du marché et les risques de baisse.

2. **Meilleures pratiques de sécurité**

Mettez en œuvre les meilleures pratiques de sécurité telles que l'utilisation de portefeuilles matériels, l'activation de l'authentification à deux facteurs (2FA) et la conduite d'une diligence raisonnable sur les échanges de crypto-monnaie, les portefeuilles et les plateformes DeFi pour protéger les actifs numériques contre le vol, la fraude ou les cybermenaces.

3. **Conformité réglementaire**

Restez informé des évolutions réglementaires, des implications fiscales et des cadres juridiques régissant les investissements en cryptomonnaies dans votre juridiction. Respectez les exigences de conformité, les obligations de déclaration et les directives en matière de déclaration de revenus pour garantir la légalité des transactions et des activités d'investissement en crypto-monnaie.

Études de cas d'investisseurs prospères en crypto-monnaie

Étude de cas 1 : Premier investisseur Bitcoin

Profil d'investisseur : Adopteur précoce qui a acheté Bitcoin au cours de ses premières étapes de développement et d'adoption technologique.

Stratégie : Détenir des avoirs Bitcoin à long terme malgré les fluctuations du marché, participer à des opérations minières Bitcoin et diversifier les investissements en crypto-monnaie sur d'autres actifs numériques ayant un potentiel de croissance.

Résultat : obtention d'une appréciation substantielle du capital, portefeuille d'investissement diversifié et réalisation de revenus passifs grâce aux récompenses minières

Bitcoin, aux incitations au jalonnement et aux stratégies de gestion stratégique du portefeuille.

Étude de cas 2 : passionné de DeFi et producteur de rendement

Profil d'investisseur : Passionné de crypto, passionné par les protocoles de finance décentralisée (DeFi) et l'innovation blockchain.

Stratégie : Engagé dans des activités d'agriculture de rendement, fourni des liquidités aux plates-formes DeFi et gagné des revenus passifs grâce aux stratégies d'agriculture de rendement, aux incitations à la fourniture de liquidités et aux récompenses de jetons de gouvernance.

Résultat : Génération de revenus passifs constants, exploration des opportunités DeFi émergentes et contribution à la croissance décentralisée de l'écosystème grâce à une participation active à des projets d'agriculture de rendement et à des initiatives de fourniture de liquidités.

Investir dans les crypto-monnaies offre aux investisseurs la possibilité de générer des revenus passifs, de réaliser une appréciation du capital et de participer au potentiel de transformation de la technologie blockchain et des actifs numériques. En comprenant les principes fondamentaux des cryptomonnaies, en adoptant des approches d'investissement stratégiques, en gérant efficacement les risques et en se conformant aux directives réglementaires, les individus peuvent tirer parti des opportunités liées aux cryptomonnaies, diversifier leurs sources de revenus et progresser vers la liberté financière.

Chapitre 16 : Créer un site Web de niche

Construire un site Web de niche est une approche stratégique pour générer des revenus passifs en créant un contenu de valeur, en attirant un trafic ciblé et en monétisant via diverses sources de revenus en ligne. Ce chapitre explore les étapes essentielles, les stratégies, les tactiques de création de contenu, les méthodes de monétisation, les meilleures pratiques de référencement et les études de cas de propriétaires de sites Web de niche à succès.

Un site Web de niche se concentre sur des sujets, des intérêts ou des segments de marché spécifiques, dans le but de fournir des informations, des solutions ou des produits précieux à un public ciblé. Les sites Web de niche exploitent le marketing de contenu, l'optimisation des moteurs de recherche (SEO), le marketing d'affiliation, les réseaux publicitaires et d'autres stratégies de monétisation pour générer des revenus passifs et renforcer l'autorité en ligne dans des niches spécialisées.

Pourquoi choisir des sites Web de niche pour un revenu passif ?

1. **Public ciblé** : touchez un public spécifique intéressé par des sujets, des produits ou des services de niche, en améliorant l'engagement, les taux de conversion et les opportunités de monétisation.

2. **Évolutivité** : faites évoluer la production de contenu, la génération de trafic et les flux de

revenus en optimisant les performances des sites Web de niche, en élargissant les catégories de contenu et en explorant de nouveaux canaux de monétisation.

3. **Faible barrière à l'entrée** : commencez avec des coûts initiaux minimes, tirez parti des systèmes de gestion de contenu (par exemple, WordPress) et accédez à des outils gratuits ou abordables pour lancer et gérer efficacement des sites Web de niche.

4. **Potentiel de revenus passifs** : gagnez des revenus passifs grâce aux commissions d'affiliation, aux revenus publicitaires, aux ventes de produits numériques, aux abonnements et aux partenariats de contenu sponsorisé.

Démarrer avec un site Web de niche

1. **Identifiez une niche rentable**

Réalisez des études de marché, des analyses de mots clés et des analyses de concurrents pour identifier des niches rentables avec une demande d'audience suffisante, une faible concurrence et un potentiel de monétisation. Choisissez des sujets de niche alignés sur vos intérêts personnels, votre expertise ou les intérêts tendances des consommateurs pour établir votre autorité et attirer un trafic ciblé.

2. **Nom de domaine et hébergement Web**

Enregistrez un nom de domaine reflétant la pertinence de votre niche, l'identité de votre marque et des mots-clés optimisés pour le référencement. Sélectionnez des fournisseurs d'hébergement Web fiables proposant des plans d'hébergement évolutifs, des fonctionnalités de sécurité et un support technique pour garantir les performances, la disponibilité et l'expérience utilisateur du site Web.

3. **Stratégie et création de contenu**

Élaborer une stratégie de contenu décrivant les préférences du public cible, les formats de contenu (par exemple, articles, guides, didacticiels, vidéos) et les calendriers de publication pour maintenir la cohérence et engager les lecteurs. Créez un contenu informatif de haute qualité abordant des sujets spécifiques à une niche, en résolvant les problèmes du public et en intégrant les meilleures pratiques de référencement pour améliorer la visibilité de la recherche organique et attirer le trafic entrant.

4. **Conception de sites Web et expérience utilisateur**

Concevez des sites Web conviviaux à l'aide de modèles réactifs, de menus de navigation intuitifs, de boutons d'appel à l'action (CTA) clairs et de mises en page visuellement attrayantes pour optimiser l'expérience utilisateur (UX) et encourager l'engagement des visiteurs. Personnalisez les thèmes du site Web, intégrez du contenu multimédia (par exemple, des images, des vidéos) et optimisez les vitesses de chargement des pages pour améliorer l'accessibilité et réduire les taux de rebond.

Stratégies de monétisation pour les sites Web de niche

1. **Marketing d'affiliation**

Collaborez avec des programmes d'affiliation, des réseaux ou des marques pertinents sur des sujets de niche et faites la promotion des produits/services d'affiliation via des liens contextuels, des critiques de produits, des guides de comparaison et des listes de recommandations. Gagnez des commissions d'affiliation basées sur les ventes de référence, la génération de leads ou les acquisitions de clients générées par le trafic de sites Web de niche.

2. **Réseaux publicitaires**

Monétisez les sites Web de niche en affichant des publicités contextuelles, des bannières d'affichage ou des publicités natives à l'aide de réseaux publicitaires tels que Google AdSense, Media.net ou de plateformes publicitaires spécifiques à une niche. Optimisez les emplacements publicitaires, surveillez les mesures de performances publicitaires (par exemple, taux de clics, revenus pour mille impressions) et respectez les directives publicitaires pour maximiser le potentiel de revenus publicitaires.

3. **Produits et services numériques**

Créez et vendez des produits numériques (par exemple, des livres électroniques, des cours en ligne, des modèles, des outils logiciels) ou proposez des services numériques (par exemple, des services de conseil, de coaching, de freelance) répondant aux intérêts d'un public de niche, aux lacunes en matière de connaissances ou à des ensembles de compétences spécialisées. Établissez des stratégies de tarification, proposez du contenu à valeur ajoutée et tirez parti des campagnes de marketing par e-mail pour promouvoir les offres numériques et générer des flux de revenus récurrents.

4. **Abonnements membres**

Lancez des sites d'adhésion, des abonnements à du contenu premium ou des niveaux d'adhésion exclusifs offrant un accès à du contenu spécialisé, des ressources, des forums communautaires et des avantages réservés aux membres. Mettez en œuvre des modèles de facturation d'abonnement, offrez des avantages d'adhésion axés sur la valeur et favorisez l'engagement de la communauté pour fidéliser les abonnés et générer des revenus récurrents prévisibles.

Stratégies de référencement et de génération de trafic

1. **Recherche et optimisation de mots clés**

Effectuez une recherche de mots clés à l'aide d'outils de référencement (par exemple,

SEMrush, Ahrefs, Google Keyword Planner)
pour identifier les mots clés pertinents, les
tendances du volume de recherche et l'analyse
concurrentielle pour des sujets spécifiques à une
niche. Optimisez le contenu du site Web, les
balises méta, les titres et le texte alternatif des
images avec des mots-clés ciblés pour améliorer
les classements de recherche organiques et
attirer du trafic organique qualifié.

2. **Marketing et promotion de contenu**

Faites la promotion du contenu de sites Web de
niche via les plateformes de médias sociaux, les
newsletters par courrier électronique, les blogs
invités et les communautés en ligne pour
augmenter la visibilité du contenu, attirer des
backlinks et générer du trafic de référence.
Mettez en œuvre des stratégies de distribution de
contenu, collaborez avec des influenceurs du
secteur et engagez-vous auprès de communautés
d'audience de niche pour améliorer la portée du
contenu et l'engagement du public.

3. **Création de liens et renforcement de l'autorité**

Créez des backlinks à partir de sites Web, d'annuaires et de publications industrielles réputés pour améliorer l'autorité de domaine, le classement des moteurs de recherche et l'acquisition de trafic organique. Mettez en œuvre des stratégies de création de liens en chapeau blanc (par exemple, publication d'invités, syndication de contenu, sensibilisation des influenceurs) pour obtenir des backlinks de haute qualité et établir votre crédibilité sur des marchés de niche.

Études de cas de propriétaires de sites Web de niche à succès

Étude de cas 1 : Blog sur les finances personnelles

Site Web : blog sur les finances personnelles proposant des ressources de littératie financière, des conseils en matière de budgétisation et des stratégies d'investissement pour les jeunes professionnels.

Stratégie : publication de guides complets sur l'économie d'argent, l'investissement en actions et la planification de la retraite, optimisés pour le référencement et monétisés grâce à des partenariats d'affiliation avec des prestataires de services financiers et à la vente de produits numériques (livres électroniques, outils de planification financière).

Résultat : Attirer un public fidèle, générer des revenus passifs provenant des commissions d'affiliation, des revenus publicitaires et des ventes de produits numériques, et accroître les sources de revenus grâce aux abonnements d'adhésion et aux collaborations de contenu sponsorisé avec des marques financières.

Étude de cas 2 : Site Web sur la santé et le bien-être

Site Web : site Web sur la santé et le bien-être proposant des routines de remise en forme, des conseils en nutrition et des critiques de produits de bien-être pour les personnes actives.

Stratégie : Produit des articles informatifs sur les entraînements de fitness, les recettes saines et les recommandations de suppléments, optimisés pour le référencement et monétisés grâce à des partenariats de marketing d'affiliation avec des marques d'équipements de fitness, des associés Amazon et du contenu sponsorisé de marques de bien-être.

Résultat : établi en tant que ressource de confiance dans le créneau de la santé, gagné des revenus passifs provenant des commissions d'affiliation, des revenus publicitaires et des parrainages de produits, ainsi que des sources de revenus diversifiées grâce à des services de coaching en ligne et des abonnements exclusifs.

La création d'un site Web de niche offre l'opportunité de générer des revenus passifs, d'établir une autorité en ligne et de fidéliser une audience au sein de segments de marché spécialisés. En mettant en œuvre des stratégies de contenu efficaces, des techniques de monétisation, des pratiques de référencement et en tirant parti des canaux de marketing numérique, les individus peuvent créer des sources de revenus durables, atteindre la liberté financière et développer leurs activités en ligne.

Chapitre 17 : Développer la propriété intellectuelle

Le développement de la propriété intellectuelle (PI) est une approche stratégique pour créer des revenus passifs en générant des actifs précieux tels que des brevets, des marques, des droits d'auteur et des inventions exclusives. Ce chapitre explore les principes fondamentaux du développement de la propriété intellectuelle, les stratégies de monétisation des actifs de propriété intellectuelle, les considérations juridiques, les études de cas de créateurs de propriété intellectuelle à succès et des conseils pour maximiser les revenus passifs grâce à des idées innovantes et des œuvres créatives.

La propriété intellectuelle englobe les créations de l'esprit, notamment les inventions, les œuvres artistiques, les œuvres littéraires, les symboles, les noms et les dessins protégés par la loi. Le développement de la propriété intellectuelle implique la création de contenus originaux, de produits innovants ou de solutions uniques qui offrent des avantages économiques grâce à des opportunités de licence, de redevances, de ventes et de commercialisation.

Pourquoi choisir la propriété intellectuelle pour un revenu passif ?

1. **Création d'actifs** : Développez des actifs de propriété intellectuelle précieux (par exemple,

brevets, marques déposées, droits d'auteur) qui peuvent générer des revenus passifs récurrents via des accords de licence, des redevances ou des transactions de vente.

2. **Différenciation du marché** : Établissez des avantages concurrentiels, une exclusivité commerciale et une reconnaissance de marque en protégeant les inventions uniques, les œuvres créatives ou les actifs de marque distinctifs grâce aux droits de propriété intellectuelle.

3. **Opportunités de monétisation** : accordez des licences de droits de propriété intellectuelle à des tiers, négociez des accords de redevances, vendez des actifs de propriété intellectuelle ou commercialisez des produits/services innovants pour générer des flux de revenus et maximiser les rendements financiers.

4. **Valeur à long terme** : Construisez un portefeuille d'actifs de propriété intellectuelle avec un potentiel d'appréciation de la valeur à long terme, de demande du marché et de

pertinence industrielle dans divers secteurs, technologies ou industries créatives.

Types de propriété intellectuelle

1. **Brevets**

Obtenez des brevets pour protéger les inventions, les innovations technologiques ou les nouveaux procédés qui offrent utilité, nouveauté et non-évidence dans leurs domaines respectifs. Monétisez les brevets via des accords de licence, des ventes de brevets ou des partenariats de commercialisation avec des parties prenantes de l'industrie.

2. **Marques déposées**

Enregistrez des marques pour protéger les noms de marque, les logos, les slogans ou les symboles distinctifs qui identifient les produits/services et les différencient des concurrents. Accordez des droits de marque aux franchisés, distributeurs ou partenaires commerciaux pour qu'ils utilisent les actifs de la marque dans des campagnes marketing ou des promotions de produits.

3. **Droits d'auteur**

Sécurisez les droits d'auteur pour les œuvres littéraires originales, les créations artistiques, le code logiciel ou le contenu numérique qui font preuve de créativité, d'originalité et d'expression. Monétisez les droits d'auteur via des plateformes de distribution numérique, des accords de licence, la syndication de contenu ou le paiement de redevances sur la consommation et la reproduction des médias.

4. **Secrets commerciaux**

Protégez les secrets commerciaux, les informations confidentielles ou les connaissances exclusives qui offrent des avantages concurrentiels et une valeur commerciale grâce à des accords de non-divulgation (NDA), des accords de confidentialité ou des obligations contractuelles avec les employés, les fournisseurs et les partenaires commerciaux.

Stratégies de développement de la propriété intellectuelle

1. **Innovation et recherche**

Réaliser des études de marché, des analyses de l'industrie et des innovations technologiques pour identifier les opportunités de développement de nouvelles inventions, conceptions de produits ou solutions logicielles qui répondent aux besoins du marché, aux préférences des consommateurs ou aux défis de l'industrie.

2. **Création de contenu créatif**

Produire du contenu original, des œuvres artistiques ou des médias numériques (par exemple, des livres, de la musique, des vidéos) qui trouvent un écho auprès des publics cibles, transmettent des perspectives uniques ou évoquent des réponses émotionnelles à travers la narration, l'esthétique visuelle ou la narration multimédia.

3. **Prototypage et tests**

Prototypez de nouveaux produits, inventions ou prototypes de logiciels pour valider la fonctionnalité, la convivialité et l'acceptation par le marché avant de demander des brevets, des marques ou des droits d'auteur afin de protéger les droits de propriété intellectuelle et d'obtenir des avantages concurrentiels.

4. **Collaboration et partenariat**

Collaborez avec des experts de l'industrie, des instituts de recherche ou des partenaires technologiques pour tirer parti de l'expertise collective, des ressources et du capital intellectuel dans le développement de solutions innovantes, de projets collaboratifs ou de coentreprises qui améliorent les opportunités de développement et de commercialisation de la propriété intellectuelle.

Monétiser les actifs de propriété intellectuelle

1. **Licences et redevances**

Négociez des accords de licence avec des titulaires de licence, des fabricants ou des distributeurs tiers pour accorder l'autorisation d'utiliser les droits de propriété intellectuelle en échange de paiements de redevances, de frais de licence ou d'accords de partage des revenus basés sur les ventes, l'utilisation ou l'exploitation commerciale.

2. **Commercialisation du produit**

Commercialisez des inventions brevetées, des marques déposées ou des œuvres protégées par le droit d'auteur via des lancements de produits, des campagnes marketing et des canaux de distribution pour générer des revenus de vente, la reconnaissance de la marque et une pénétration du marché sur les marchés cibles.

3. **Distribution numérique**

Distribuez du contenu numérique, des applications logicielles ou des produits multimédias via des plateformes en ligne, des marchés numériques ou des services d'abonnement pour atteindre un public mondial, monétiser les téléchargements numériques et tirer parti des flux de revenus récurrents issus de modèles basés sur l'abonnement.

4. **Licences de marque et marchandisage**

Licence de marques déposées, d'identités de marque ou de propriétés de caractère à des marchandiseurs, des partenaires de vente au détail ou des agences de promotion pour la fabrication de marchandises de marque, de produits de consommation ou d'articles promotionnels qui améliorent la visibilité de la marque et génèrent des redevances de licence.

Considérations juridiques et réglementaires

1. **Protection IP et enregistrement**

Déposez des demandes de brevet, des enregistrements de marques ou des soumissions de droits d'auteur auprès des offices de propriété intellectuelle concernés (par exemple, USPTO, EUIPO, OMPI) pour obtenir des protections juridiques, faire respecter les droits de propriété intellectuelle et empêcher toute utilisation non autorisée, contrefaçon ou activité de contrefaçon.

2. **Accords contractuels**

Rédiger et négocier des accords de licence, des contrats de cession de propriété intellectuelle, des accords de non-divulgation (NDA) et des accords de coentreprise pour définir les droits, les responsabilités, les redevances et les mécanismes de résolution des litiges entre les propriétaires de propriété intellectuelle, les titulaires de licence ou les partenaires commerciaux.

3. **Application de la propriété intellectuelle et litiges**

Faire respecter les droits de propriété intellectuelle au moyen de lettres de cessation et d'abstention, d'injonctions légales ou de procédures judiciaires contre les contrevenants, les contrefacteurs ou les utilisateurs non autorisés afin de protéger les actifs de propriété intellectuelle, de préserver l'intégrité du marché et de sauvegarder les intérêts financiers.

Études de cas

Étude de cas 1 : Portefeuille de brevets de startups technologiques

Profil de créateur : entrepreneur technologique avec un portefeuille de brevets couvrant les algorithmes logiciels, les applications mobiles et les solutions de cloud computing.

Stratégie : Développement de prototypes de logiciels innovants, recherche de brevets et dépôt de demandes de brevet pour protéger les inventions technologiques. Brevets monétisés grâce à des accords de licence avec des entreprises technologiques, des partenariats OEM et des redevances IP provenant des licences de logiciels.

Résultat : Génération de revenus passifs provenant des redevances de brevets, reconnaissance du marché pour les innovations technologiques et élargissement du portefeuille de propriété intellectuelle grâce à des investissements continus en R&D et à des stratégies stratégiques de gestion de la propriété intellectuelle.

Le développement de la propriété intellectuelle offre aux particuliers et aux entreprises la possibilité de créer des revenus passifs, de protéger les idées innovantes et de capitaliser sur les opportunités de marché grâce aux brevets, aux marques, aux droits d'auteur et aux secrets commerciaux. En favorisant la créativité, en adoptant l'innovation et en exploitant les droits de propriété intellectuelle de manière stratégique, les créateurs peuvent diversifier leurs sources de revenus, atteindre leur indépendance financière et contribuer à la croissance économique grâce au développement du capital intellectuel.

Chapitre 18 : Automatisation et gestion des flux de revenus

L'automatisation et la gestion des flux de revenus sont essentielles pour maximiser le potentiel de revenus passifs, optimiser l'efficacité financière et atteindre la liberté financière à long terme. Ce chapitre explore les stratégies d'automatisation, les outils de gestion financière, les plateformes d'investissement, les méthodes de suivi des revenus passifs, les techniques de gestion des risques et des études de cas d'automatisation réussie des flux de revenus.

Introduction à l'automatisation des flux de revenus

L'automatisation des flux de revenus implique de tirer parti de la technologie, des outils financiers et des processus stratégiques pour rationaliser la génération de revenus, minimiser les interventions manuelles et maximiser les opportunités de revenus passifs. En automatisant les tâches de routine, en gérant des sources de revenus diversifiées et en mettant en œuvre des stratégies financières efficaces, les individus peuvent améliorer leur productivité, réduire les coûts opérationnels et se concentrer sur l'accumulation de richesse et l'indépendance financière.

Pourquoi automatiser les flux de revenus ?

1. **Efficacité et évolutivité** : rationalisez les processus de génération de revenus, automatisez les tâches répétitives et faites évoluer les flux de revenus passifs dans divers portefeuilles d'investissement, entreprises commerciales ou actifs numériques.

2. **Liberté de temps** : réduisez le temps consacré aux tâches manuelles, aux tâches administratives ou à la gestion opérationnelle, permettant aux individus de se concentrer sur leur développement personnel, leurs activités entrepreneuriales ou leurs activités de loisirs.

3. **Atténuation des risques** : mettez en œuvre des stratégies de gestion des risques, surveillez les performances des investissements et diversifiez les sources de revenus pour atténuer les risques financiers, les fluctuations du marché ou les incertitudes économiques affectant les flux de revenus passifs.

4. **Indépendance financière** : atteindre vos objectifs financiers, vos objectifs d'accumulation

de patrimoine et votre stabilité financière à long terme grâce à des flux de revenus automatisés, des stratégies d'investissement diversifiées et des pratiques de gestion de patrimoine durables.

Stratégies d'automatisation des flux de revenus

1. **Investissements à revenu passif**

Automatisez les plans de réinvestissement des dividendes (DRIP), les algorithmes automatisés de négociation d'actions ou les plateformes de robots-conseillers pour gérer les portefeuilles d'investissement, rééquilibrer les allocations d'actifs et réinvestir automatiquement les dividendes, les revenus d'intérêts ou les gains en capital.

2. **Entrepreneuriat numérique**

Utilisez des plateformes de commerce électronique, des marchés en ligne ou des services par abonnement pour automatiser les ventes de produits numériques, les flux de revenus récurrents ou les abonnements via des systèmes automatisés de traitement des paiements, de facturation client et d'exécution des commandes.

3. **Investissements immobiliers**

Déployez un logiciel de gestion immobilière, des plateformes de gestion d'immeubles locatifs ou des services automatisés de sélection des locataires pour rationaliser la collecte des revenus locatifs, l'entretien des propriétés, les contrats de location et les rapports financiers pour les propriétés résidentielles ou commerciales.

4. **Marketing d'affiliation et publicité en ligne**

Intégrez des réseaux de marketing d'affiliation, des plateformes de publicité basées sur les performances ou des services de placement d'annonces automatisés pour monétiser le contenu numérique, le trafic de sites Web ou les abonnés sur les réseaux sociaux grâce à des revenus passifs générés par les commissions d'affiliation, les publicités display ou les partenariats de contenu sponsorisé.

Outils et plateformes de gestion financière

1. ** Budgétisation et suivi des dépenses **

Utilisez des applications de finances personnelles, des logiciels de budgétisation ou des outils de gestion des dépenses pour suivre les sources de revenus, surveiller les habitudes de dépenses, catégoriser les dépenses et optimiser la gestion des flux de trésorerie pour une planification financière efficace et une accumulation de patrimoine.

2. **Suivi des investissements et gestion de portefeuille**

Utilisez un logiciel de suivi des investissements, des outils de gestion de portefeuille ou des tableaux de bord financiers pour surveiller les performances des actifs, analyser les mesures d'investissement, suivre les flux de revenus passifs et évaluer les stratégies de diversification de portefeuille pour des décisions d'investissement éclairées.

3. **Planification automatisée de l'épargne et de la retraite**

Automatisez les cotisations d'épargne récurrentes, les cotisations au compte de retraite ou les régimes de retraite parrainés par l'employeur (par exemple, 401(k), IRA) grâce à des retenues salariales automatisées, des dépôts directs ou des services de transfert automatisés pour créer un patrimoine à long terme, une épargne-retraite et une sécurité financière. .

4. **Gestion et conformité fiscales**

Gérez les obligations fiscales, maximisez les déductions fiscales et automatisez les processus de déclaration de revenus grâce à un logiciel de préparation de déclarations de revenus, des outils de tenue de dossiers financiers ou des services de déclaration de revenus en ligne pour garantir le respect des réglementations fiscales et optimiser les stratégies fiscalement efficaces pour les revenus passifs.

Suivi des revenus passifs et mesures de performance

1. **Diversification des flux de revenus**

Diversifiez les sources de revenus passifs à travers plusieurs véhicules d'investissement, entreprises commerciales ou actifs numériques pour atténuer les risques, optimiser les flux de revenus et générer des revenus constants grâce à des flux de revenus diversifiés.

2. **Analyse et surveillance des performances**

Surveillez les mesures de performance des revenus passifs, suivez les retours sur investissement, analysez les ratios financiers et comparez les performances des flux de revenus par rapport aux normes du secteur ou aux références du marché pour évaluer la rentabilité, identifier les opportunités de croissance et optimiser les performances du portefeuille.

3. **Évaluation et atténuation des risques**

Mettez en œuvre des stratégies de gestion des risques, diversifiez les allocations d'actifs et protégez-vous contre la volatilité des marchés, les ralentissements économiques ou les risques géopolitiques affectant les investissements à revenus passifs, les opérations commerciales ou les projets d'entrepreneuriat numérique.

Étude de cas d'une automatisation réussie des flux de revenus

Étude de cas 1 : investisseur à revenu passif

Profil d'investisseur : Investisseur à revenus passifs avec des portefeuilles d'investissement diversifiés, des avoirs immobiliers et des actifs numériques générant des flux de revenus récurrents.

Stratégie : plans de réinvestissement automatisé des dividendes (DRIP), utilisation de plates-formes de robots-conseillers pour la gestion automatisée de portefeuille et utilisation d'un logiciel de gestion d'immeubles locatifs pour la collecte automatisée des revenus locatifs et l'entretien des propriétés.

Résultat : atteinte des objectifs de revenus passifs, indépendance financière grâce à des flux de revenus diversifiés et optimisation des stratégies d'accumulation de patrimoine grâce à des outils automatisés de gestion des investissements et de planification financière.

L'automatisation et la gestion des flux de revenus sont essentielles pour atteindre la liberté financière, optimiser le potentiel de revenus passifs et créer une richesse durable grâce à des stratégies d'investissement diversifiées, des projets d'entrepreneuriat numérique et des activités innovantes génératrices de revenus. En adoptant des technologies d'automatisation, en tirant parti des outils de gestion financière et en mettant en œuvre des stratégies stratégiques de revenus passifs, les individus peuvent rationaliser la génération de revenus, atténuer les risques financiers et accélérer la progression vers l'indépendance financière.

Conclusion

Dans la quête de la liberté financière et de l'accumulation de richesse, l'exploitation du pouvoir des flux de revenus passifs joue un rôle central dans la diversification des sources de revenus, la génération de revenus récurrents et la réalisation d'une stabilité financière à long terme. Tout au long de ce guide complet, nous avons exploré diverses stratégies de revenus passifs, opportunités d'investissement, entreprises entrepreneuriales et efforts créatifs visant à créer de multiples flux de revenus passifs.

Récapitulatif des flux de revenus passifs

Les flux de revenus passifs sont des sources de revenus qui nécessitent un effort continu minimal ou une participation active une fois établies. Contrairement aux revenus actifs issus d'un emploi traditionnel, les revenus passifs permettent aux individus de gagner de l'argent en continu, même lorsqu'ils dorment, voyagent ou poursuivent d'autres intérêts. Les principales sources de revenus passifs abordées dans ce guide comprennent :

1. **Investissements immobiliers** : investir dans des immeubles locatifs, des plateformes de financement participatif immobilier ou des fiducies de placement immobilier (REIT) pour générer des revenus locatifs, une plus-value immobilière et des flux de trésorerie passifs.

2. **Actions et investissements à dividendes** :
possession d'actions, de fonds indiciels ou d'ETF
versant des dividendes qui distribuent des
dividendes réguliers et offrent une appréciation
du capital à long terme grâce à des
investissements boursiers.

3. **Entrepreneuriat numérique** : création et
vente de produits numériques (par exemple,
livres électroniques, cours en ligne, logiciels),
lancement d'entreprises de commerce
électronique ou monétisation de sites Web via le
marketing d'affiliation, les revenus publicitaires
et les abonnements.

4. **Développement de la propriété
intellectuelle** : développement de brevets, de
marques, de droits d'auteur ou de secrets
commerciaux pour protéger des idées
innovantes, des œuvres créatives ou des
inventions exclusives et monétiser les actifs de
propriété intellectuelle par le biais d'accords de

licence, de redevances ou de commercialisation de produits.

5. **Flux de revenus automatisés** : utilisation de technologies d'automatisation, d'outils de gestion financière et de plateformes d'investissement pour rationaliser la génération de revenus passifs, gérer des sources de revenus diversifiées et optimiser l'efficacité financière.

Aperçus sur la création de revenus passifs

La création de multiples flux de revenus passifs nécessite une planification stratégique, une exécution disciplinée et un apprentissage continu pour naviguer dans la dynamique du marché, les fluctuations économiques et l'évolution des préférences des consommateurs. Voici des informations clés pour les lecteurs cherchant à créer et maximiser des revenus passifs :

1. **La diversification est la clé** : diversifiez les flux de revenus entre différentes classes d'actifs, secteurs ou modèles commerciaux pour

atténuer les risques, optimiser les flux de revenus et capitaliser sur les opportunités du marché.

2. **Investissement stratégique et gestion des risques** : effectuez des recherches approfondies, une diligence raisonnable et une évaluation des risques avant d'investir dans des opportunités de revenus passifs, des entreprises commerciales ou des actifs financiers afin de minimiser les risques d'investissement et de maximiser les rendements.

3. **Apprentissage continu et adaptation** : Restez informé des tendances du secteur, des avancées technologiques et des changements réglementaires ayant un impact sur les flux de revenus passifs pour adapter les stratégies, innover dans les modèles commerciaux et capitaliser sur les opportunités émergentes.

4. **Création de richesse à long terme** : concentrez-vous sur la création d'une richesse durable, l'atteinte de l'indépendance financière et

la garantie d'objectifs financiers futurs grâce à une épargne cohérente, des investissements prudents et des stratégies stratégiques de revenus passifs.

5. **Liberté financière grâce au revenu passif** : embrassez le voyage vers la liberté financière en tirant parti des flux de revenus passifs comme véhicules d'accumulation de richesse, de flexibilité de style de vie et d'épanouissement personnel.

Études de cas de réussite

Tout au long de ce guide, nous avons examiné des études de cas réels et des exemples d'individus, d'entrepreneurs et d'investisseurs à succès qui ont atteint leur indépendance financière grâce à des stratégies de revenus passifs diversifiées :

- **Investisseurs immobiliers** : tirer parti des propriétés locatives, des syndications immobilières ou des plateformes de gestion immobilière pour générer des revenus locatifs passifs et parvenir à une diversification de portefeuille.

- **Investisseurs de dividendes** : création de richesse grâce à des actions versant des dividendes, des plans de réinvestissement des dividendes (DRIP) et des stratégies d'investissement de croissance des dividendes pour accumuler de la richesse et atteindre des objectifs financiers.

- **Entrepreneurs numériques** : création d'entreprises en ligne rentables, de boutiques de commerce électronique ou de plateformes de contenu numérique pour monétiser les produits numériques, le marketing d'affiliation et les sources de revenus publicitaires.

- **Créateurs de propriété intellectuelle** : développement de brevets, de marques ou d'œuvres protégées innovantes pour protéger les actifs de propriété intellectuelle et générer des revenus passifs via des accords de licence, des redevances ou des ventes de produits.

- **Opérateurs de flux de revenus automatisés** : mise en œuvre de technologies d'automatisation, d'outils de gestion financière et de stratégies de revenus passifs pour rationaliser la génération de revenus, gérer les investissements et optimiser l'efficacité financière.

Alors que nous concluons ce guide sur les flux de revenus passifs, il est essentiel de reconnaître que parvenir à la liberté financière nécessite du dévouement, de la persévérance et un engagement en faveur d'une amélioration continue. En diversifiant les sources de revenus, en exploitant les opportunités innovantes et en tirant parti des technologies d'automatisation, les individus peuvent créer un patrimoine durable, réaliser leurs aspirations financières et profiter d'un style de vie indépendant financièrement.

Que vous vous lancez pour la première fois dans votre parcours vers un revenu passif ou que vous cherchiez à élargir votre portefeuille existant de sources de revenus, n'oubliez pas que chaque stratégie de revenu passif nécessite une planification minutieuse, une exécution disciplinée et une perspective à long terme. En appliquant les idées, les stratégies et les conseils pratiques partagés dans ce guide, vous pouvez prendre des mesures proactives pour créer de multiples flux de revenus passifs, assurer votre avenir financier et ouvrir la voie à une prospérité durable.

La liberté financière attend ceux qui osent rêver, planifier méticuleusement et prendre des mesures décisives. Commencez dès aujourd'hui votre voyage vers un revenu passif et donnez-vous les moyens de vivre une vie d'abondance, de sécurité et d'épanouissement.

Remerciements

La rédaction d'un guide complet sur « Flux de revenus passifs : créer de multiples sources de revenus pour la liberté financière » a été un voyage enrichi par le soutien, les conseils et les contributions de nombreuses personnes et ressources. Je tiens à exprimer ma sincère gratitude à tous ceux qui ont joué un rôle dans la réalisation de ce projet.

Avant tout, je suis profondément reconnaissant envers ma famille pour son soutien, ses encouragements et sa compréhension indéfectibles tout au long du processus de recherche, de présentation et d'écriture de ce livre. Leur patience et leur confiance en moi ont joué un rôle déterminant dans la réalisation de cet ambitieux projet.

Je remercie l'équipe de King's Media pour son expertise, son professionnalisme et son enthousiasme à présenter ce livre au public. Un merci spécial aux rédacteurs pour leurs idées inestimables, leur édition méticuleuse et leurs commentaires constructifs qui ont grandement amélioré la clarté et la cohérence du contenu.

J'exprime ma gratitude aux experts, entrepreneurs et investisseurs dont les idées et les expériences ont enrichi les chapitres de ce livre. Votre volonté de partager des connaissances, des exemples concrets et des réussites a fourni aux lecteurs des conseils pratiques et une inspiration dans leur propre cheminement vers la liberté financière.

Je voudrais également remercier les communautés universitaires et professionnelles dont les recherches, les publications et les ressources pédagogiques ont servi de base à la compréhension des stratégies de revenu passif, des principes d'investissement et des pratiques de gestion financière.

Enfin et surtout, je remercie les lecteurs et les partisans de ce livre. Votre intérêt, vos commentaires et votre enthousiasme pour en savoir plus sur les sources de revenus passifs et l'indépendance financière m'ont motivé à proposer un guide complet et informatif.

Ce livre est dédié à tous ceux qui aspirent à la liberté financière, à l'autonomisation grâce à la connaissance et à un avenir rempli de prospérité. Puisse-t-il servir de ressource précieuse et de guide sur votre chemin vers la création de multiples sources de revenus et l'atteinte de l'indépendance financière que vous méritez.

Merci.